교육부 선정 중학 900 한자 익히기
중학 900 한자 쓰기

편자 김영배

일신서적출판사

일러두기

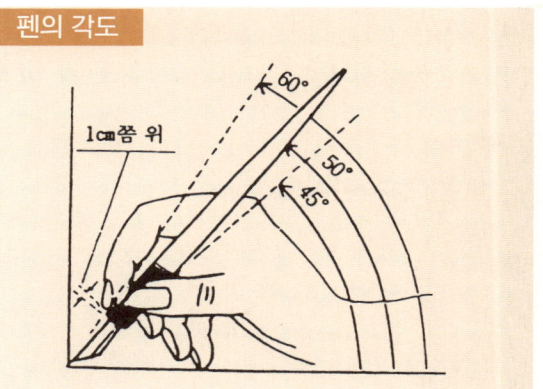

펜의 각도

1 바른자세

글씨를 예쁘게 쓰고자 하는 마음과 함께 몸가짐을 바르게 해야 아름다운 글씨를 쓸 수 있다. 편안하고 부드러운 자세를 갖고 써야 한다.

① 앉은자세 : 방바닥에 앉은 자세로 쓸 때에는 양 엄지발가락과 발바닥의 윗부분을 얕게 포개어 앉고, 배가 책상에 닿지 않도록 한다. 그리고 상체는 앞으로 약간 숙여 눈이 지면에서 30cm 정도 떨어지게 하고, 왼손으로는 종이를 가볍게 누른다.
② 걸터앉은 자세 : 의자에 앉아 쓸 경우에도 앉을 때 두 다리를 어깨 넓이만큼 뒤로 잡아당겨 편안한 자세를 취한다.

2 펜대를 잡는 요령

① 펜대는 펜대 끝에서 1cm 가량 되게 잡는 것이 알맞다.
② 펜대는 45~60° 만큼 몸 쪽으로 기울어지게 잡는다.
③ 집게손가락과 가운뎃손가락, 엄지손가락 끝으로 펜대를 가볍게 쥐고 양손가락의 손톱 부리께로 펜대를 안에서부터 받쳐 잡고 새끼손가락을 바닥에 받쳐 준다.
④ 지면에 손목을 굳게 붙이면 손가락끝만으로 쓰게 되므로 손가락끝이나 손목에 의지하지 말고 팔로 쓰는 듯한 느낌으로 쓴다.

범례

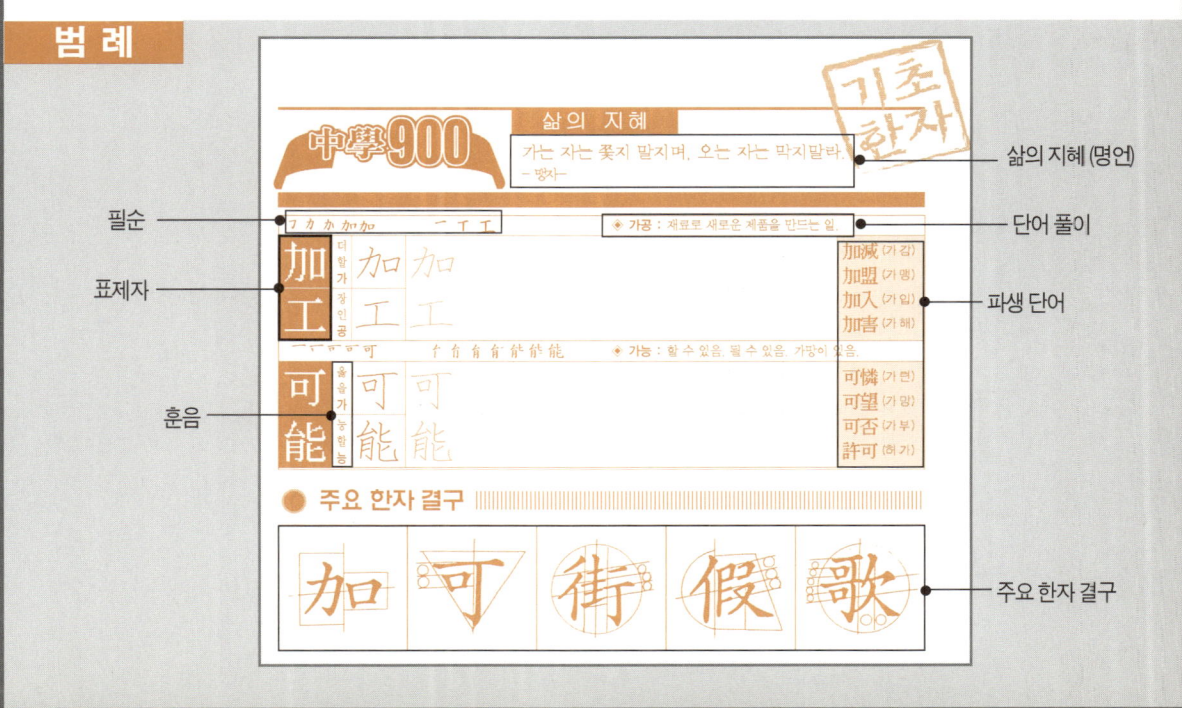

한자의 기본 획 익히기

○ 기본이 되는 점과 획을 충분히 연습한 다음 본문의 글자를 쓰십시오.

上	一	一						
工	二	二						
王	三	三						
少	ノ	ノ						
大	ノ	ノ						
女	く	く						
人	丶	丶						
寸	亅	亅						
下	丨	丨						
中	丨	丨						
目	𠃌	𠃌						
句	勹	勹						
子	乛	乛						

한자의 기본 획 익히기 (2)

京	、	、
永	、	、
小	八	八
火	八	八
千	一	一
江	氵	氵
無	灬	灬
起	走	走
建	廴	廴
近	辶	辶
成	㇂	㇂
毛	㇄	㇄
室	宀	宀
風	㇈	㇈

일반적인 한자의 필순

● 例外의 것들도 많지만 여기에서의 漢字 筆順은 대개 一般的으로 널리 쓰이는 것임.

1 위에서 아래로
위를 먼저 쓰고 아래는 나중에

一 二 三, 一 丁 工

2 왼쪽에서 오른쪽으로
왼쪽을 먼저, 오른쪽을 나중에

丿 丿丨 川, 丿 亻 亻 代 代

3 밖에서 안으로
둘러싼 밖을 먼저, 안을 나중에

丨 冂 日 日, 丨 冂 冂 用 田

4 안에서 밖으로
내려긋는 획을 먼저, 삐침을 나중에

亅 小 小, 一 二 亍 示

5 왼쪽 삐침을 먼저
① 左右에 삐침이 있을 경우

亅 小 小, 一 十 キ 丰 寺 赤 赤

② 삐침 사이에 세로획이 없는 경우

丿 尸 尸 尺, 亠 六 六

6 세로획을 나중에
위에서 아래로 내려긋는 획을 나중에

丨 冂 口 中, 丨 冂 口 日 甲

7 가로 꿰뚫는 획은 나중에
가로획을 나중에 쓰는 경우

人 女 女, 乛 了 子

8 오른쪽 위의 점은 나중에
오른쪽 위의 점을 맨 나중에 찍음

一 ナ 大 犬, 一 二 〒 式 式

9 책받침은 맨 나중에

一 厂 斤 斤 斤 近 近
丷 丷 兯 关 关 送 送

10 가로획을 먼저
가로획과 세로획이 교차하는 경우

一 十 十 古 古, 一 十 士 声 志
一 十 ナ 支, 一 十 土
一 二 キ 才 末, 一 十 艹 艹 共 共

11 세로획을 먼저
① 세로획을 먼저 쓰는 경우

丨 冂 冊 由 由, 丨 冂 冂 用 田

② 둘러싸여 있지 않은 경우에는 가로획을 먼저 쓴다.

一 T 干 王, 丶 亠 ナ キ 主

12 가로획과 왼쪽 삐침
① 가로획을 먼저 쓰는 경우

一 ナ キ 左 左, 一 ナ ナ 存 存

② 위에서 아래로 삐침을 먼저 쓰는 경우

丿 ナ 才 右 右, 丿 ナ 才 有 有 有

중학 900 한자 쓰기

- 고급어휘 405 어휘 (단어)
- 파생어휘 1,620 어휘 (단어)
- 낱자어휘 86자 쓰기 (홑자)

8 기초 漢字 쓰기

 中學900

삶의 지혜
가는 자는 쫓지 말지며, 오는 자는 막지말라.
—맹자—

	필순	쓰기		◆ 가공 : 재료로 새로운 제품을 만드는 일.	
加 工	더할 가 / 장인 공	フ カ カ 加 加 / 一 T 工	加 工	加 工	加減 (가감) / 加盟 (가맹) / 加入 (가입) / 加害 (가해)
可 能	옳을 가 / 능할 능	一 丁 〒 可 可 / 厶 台 肯 育 能 能 能	可 能	可 能	◆ 가능 : 할 수 있음. 될 수 있음. 가망이 있음. 可憐 (가련) / 可望 (가망) / 可否 (가부) / 許可 (허가)
街 路	거리 가 / 길 로	彳 疒 疒 往 往 街 街 / 口 긎 趵 趵 路 路 路	街 路	街 路	◆ 가로 : 시가지의 도로. 街道 (가도) / 街頭 (가두) / 商街 (상가) / 市街 (시가)
假 面	거짓 가 / 낯 면	亻 亻 亻 假 假 假 / 一 厂 丆 币 币 面 面	假 面	假 面	◆ 가면 : 나무·종이 등으로 만든 얼굴의 형상. 假量 (가량) / 假名 (가명) / 假拂 (가불) / 假飾 (가식)
歌 手	노래 가 / 손 수	可 可 哥 哥 哥 歌 歌 / 一 二 三 手	歌 手	歌 手	◆ 가수 : 노래부르는 것을 업으로 삼는 사람. 歌曲 (가곡) / 歌詞 (가사) / 歌謠 (가요) / 歌唱 (가창)

● **주요 한자 결구**

 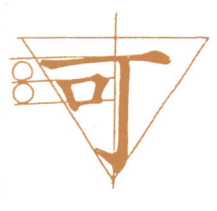   

기초 漢字 쓰기 9

삶의 지혜

가시나무를 심는 자는 장미를 기대해서는 안된다. -필페이-

イ イ ケ 什 住 佳 佳 佳		ㄠ ㄠ ㄠ 糸 紆 約 約	◆ **가약** : 아름다운 약속. 부부가 되자는 약속.	
佳	아름다울 가	佳	佳	佳人 (가인)
約	맺을 약	約	約	佳作 (가작)
				佳節 (가절)
				佳景 (가경)
ㆍ 宀 宀 宀 宇 家 家 家		一 广 广 庄 庄 庭 庭	◆ **가정** : 한 가족이 살고 있는 집안.	
家	집 가	家	家	家口 (가구)
庭	뜰 정	庭	庭	家門 (가문)
				家事 (가사)
				家屋 (가옥)
ㆍ ク 夂 冬 各 各		禾 和 秆 稻 稻 種 種	◆ **각종** : 여러 종류. 각 가지.	
各	각각 각	各	各	各界 (각계)
種	씨 종	種	種	各自 (각자)
				各地 (각지)
				各處 (각처)
厂 厂 咸 咸 感 感		言 訁 訢 訢 謝 謝 謝	◆ **감사** : 고맙게 여김. 고맙게 여기는 마음.	
感	느낄 감	感	感	感覺 (감각)
謝	사례할 사	謝	謝	感氣 (감기)
				感想 (감상)
				感情 (감정)
氵 汀 沥 沥 減 減 減		丨 ㅣ 小 少	◆ **감소** : 줄어서 적어짐.	
減	덜 감	減	減	減免 (감면)
少	적을 소	少	少	減速 (감속)
				減點 (감점)
				減縮 (감축)

● **주요 한자 결구**

10 기초 漢字 쓰기

 삶의 지혜
가장 높은 곳에 올라가려면, 가장 낮은 곳부터 시작하라. -푸블리리우스 시루스-

		一十十廾甘	` 亠亠言言言言	◆ 감언 : 비위를 맞추는 달콤한 말.	
甘言	달 감 / 말씀 언	甘 言	甘 言		甘味 (감미) 甘受 (감수) 甘酒 (감주) 甘草 (감초)
		言 計 講 講 講 講	` ` `´ ´` ´`` `` 告 堂 堂	◆ 강당 : 강의나 의식 등을 행하는 큰 방.	
講堂	강론할 강 / 집 당	講 堂	講 堂		講論 (강론) 講義 (강의) 講座 (강좌) 受講 (수강)
		ᄀ ᄀ 弓 弘 弘 强 强	ᄀ ᄀ 弓 弓 弱 弱 弱	◆ 강약 : 강함과 약함.	
强弱	강할 강 / 약할 약	强 弱	强 弱		强大 (강대) 强力 (강력) 强要 (강요) 强調 (강조)
		ㄴ ㄴ 比 比 比 皆 皆 皆	艹 艹 艹 莑 莑 勤 勤	◆ 개근 : 일정기간 하루도 빠짐없이 출석·출근함.	
皆勤	모두 개 / 부지런할 근	皆 勤	皆 勤		皆旣 (개기) 皆兵 (개병) 勤勉 (근면) 勤務 (근무)
		` ` 門 門 門 開 開	" 业 业 业 丵 業 業	◆ 개업 : 새로이 영업을 시작함.	
開業	열 개 / 일 업	開 業	開 業		開講 (개강) 開發 (개발) 開拓 (개척) 開催 (개최)

● 주요 한자 결구

中學 900

삶의 지혜

가장 부유한 사람은 절약가이고 가장 가난한 사람은 수전노이다. -상포르-

亻们們們個個個		ノ人		◆ 개인 : 낱낱의 사람. 저마다의 자기.	
個人	낱 개 / 사람 인	個 人	個 人		個性 (개성) / 個體 (개체) / 各個 (각개) / 別個 (별개)
一 フ コ 己 改 改 改		丶 牛 告 告 告 造 造		◆ 개조 : 고치어 다시 쓸모있게 만듦.	
改造	고칠 개 / 지을 조	改 造	改 造		改善 (개선) / 改編 (개편) / 改革 (개혁) / 再改 (재개)
一 丅 丆 戶 巨		亠 产 产 产 商 商 商		◆ 거상 : 큰 상인.	
巨商	클 거 / 장사 상	巨 商	巨 商		巨金 (거금) / 巨物 (거물) / 巨額 (거액) / 巨族 (거족)
一 フ ユ 尸 尸 足 居 居		ノ 亻 亻 什 仕 住 住		◆ 거주 : 일정한 곳에 자리잡아 살고 있음.	
居住	살 거 / 머무를 주	居 住	居 住		居留 (거류) / 居室 (거실) / 居處 (거처) / 同居 (동거)
十 古 古 卓 卓 乾 乾		丶 土 扌 圻 坤 坤 坤		◆ 건곤 : 하늘과 땅.	
乾坤	하늘 건 / 땅 곤	乾 坤	乾 坤		乾杯 (건배) / 乾性 (건성) / 乾魚 (건어) / 乾燥 (건조)

● **주요 한자 결구**

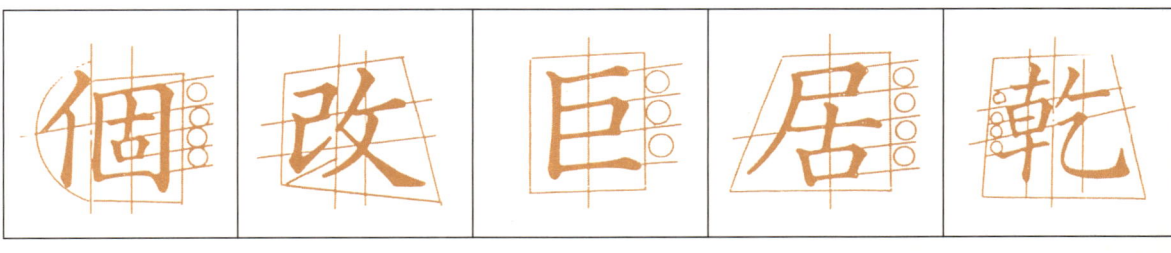

12 기초 漢字 쓰기

 삶의 지혜

값진 성과를 얻으려면 한걸음 한걸음이
힘차고 충실하지 않으면 안된다. -단테-

필순	훈음	쓰기	◆ 견고 : 굳고 단단함. 굳세고 튼실함.	단어
³日 臤 臤 臤 堅 堅 / ㄱ 冂 月 円 円 円 固 固				堅實 (견실)
堅	굳을 견	堅 堅		堅忍 (견인)
固	굳을 고	固 固		堅持 (견지)
				中堅 (중견)
一 ナ 大 犬 / 一 厂 厂 厂 馬 馬 馬			◆ 견마 : 개와 말.	狂犬 (광견)
犬	개 견	犬 犬		軍犬 (군견)
馬	말 마	馬 馬		愛犬 (애견)
				忠犬 (충견)
丨 冂 冃 目 目 見 / 一 十 才 木 本			◆ 견본 : 본보기가 되는 물건.	見聞 (견문)
見	볼 견	見 見		見習 (견습)
本	근본 본	本 本		見積 (견적)
				見學 (견학)
氵氵氵沪洯潔潔潔 / ノ 亻 白 白 白			◆ 결백 : 지조가 조촐하여 더러움이 없음.	簡潔 (간결)
潔	깨끗할 결	潔 潔		不潔 (불결)
白	흰 백	白 白		純潔 (순결)
				淸潔 (청결)
丶 冫 冫 冫 决 决 / ^^ 竹 竹 笛 笪 算 算			◆ 결산 : 일정기간의 수입과 지출을 마감하는 계산.	決勝 (결승)
決	정할 결	決 決		決心 (결심)
算	셈할 산	算 算		決定 (결정)
				決濟 (결제)

● 주요 한자 결구

삶의 지혜

강도는 당신의 돈이나 생명의 어느 하나를 요구한다.
그러나 여자는 그 양쪽을 요구한다. -버클리-

幺 糸 紅 紅 結 結	女 女 女 奸 妒 婚 婚	◆ **결혼** : 남녀가 혼인의 관계를 맺음.	
結 맺을 결 結 結			結局 (결국)
			結論 (결론)
婚 혼인할 혼 婚 婚			結實 (결실)
			結合 (결합)
艹 苟 敬 敬 驚 驚 驚	田 田 罒 畀 異 異 異	◆ **경이** : 놀랍도록 이상함.	
驚 놀랄 경 驚 驚			驚歎 (경탄)
			大驚 (대경)
異 다를 이 異 異			異見 (이견)
			異常 (이상)
亠 亠 古 亨 京 京	ノ イ 仁 仁	◆ **경인** : 서울과 인천. 경인선.	
京 서울 경 京 京			京畿 (경기)
			京城 (경성)
仁 어질 인 仁 仁			上京 (상경)
			在京 (재경)
立 产 竞 竞 竞 競 競	ノ ク 夕 夕 争 争	◆ **경쟁** : 서로 이기거나 앞서려고 다툼.	
競 다툴 경 競 競			競技 (경기)
			競賣 (경매)
爭 다툴 쟁 爭 爭			競走 (경주)
			競合 (경합)
幺 糸 經 經 經 經	口 巾 曲 曲 典 典 典	◆ **경전** : 종교의 교리나 성현의 가르침을 기록한 책.	
經 경서 경 經 經			經過 (경과)
			經路 (경로)
典 법 전 典 典			經理 (경리)
			經費 (경비)

● **주요 한자 결구**

14 기초 漢字 쓰기

 **삶의 지혜**
강한 사람이란 가장 훌륭하게 고독을
견디어 내는 사람이다. -쉴러-

車車車輕輕輕 一ー宀宀盲重重				◈ **경중**: 가벼움과 무거움. 무게.		
輕	가벼울 경	輕	輕			輕妄 (경망)
						輕率 (경솔)
重	무거울 중	重	重			輕油 (경유)
						輕快 (경쾌)
口日旦昇昇景景 一土チ至至致致				◈ **경치**: 자연계의 아름다운 현상이나 풍치.		
景	빛 경	景	景			景觀 (경관)
						景品 (경품)
致	이를 치	致	致			景況 (경황)
						背景 (배경)
氵氵沪沪浮溪溪 ハグ欠欠谷谷				◈ **계곡**: 물이 흐르는 산골짜기.		
溪	시내 계	溪	溪			溪川 (계천)
						溪泉 (계천)
谷	골 곡	谷	谷			玉溪 (옥계)
						淸溪 (청계)
爫爫奚奚鷄鷄鷄 ' ㄷ ㅌ ㅌ 卯卯				◈ **계란**: 달걀. 닭이 낳은 알.		
鷄	닭 계	鷄	鷄			鷄冠 (계관)
						鷄豚 (계돈)
卵	알 란	卵	卵			鷄林 (계림)
						鷄舍 (계사)
二千禾禾季季季 ′ 炏 竹 笄 笄 節 節				◈ **계절**: 한 해를 봄, 여름, 가을, 겨울로 나누는 시기.		
季	철 개	季	季			春季 ((춘계)
						夏季 (하계)
節	마디 절	節	節			秋季 (추계)
						冬季 (동계)

● **주요 한자 결구**

 **삶의 지혜**
개성과 인간과의 관계는 향기와 꽃과의 관계이다. -시위브-

一十十古古	ノ八今今	◆ **고금** : 옛날과 현재.	
古 옛고	古	古	古宮 (고궁)
今 이제금	今	今	古代 (고대)
			古物 (고물)
			古典 (고전)

亠亠古古高高高	竹竹竹竺笁等等	◆ **고등** : 등급이 높음. 고등학교(高等學校)	
高 높을고	高	高	高度 (고도)
等 무리등	等	等	高尙 (고상)
			高速 (고속)
			高低 (고저)

丱丱丱丱苦苦	十才木杧杯杯	◆ **고배** : 쓴 잔. 쓰라린 경험을 비유함.	
苦 괴로울고	苦	苦	苦難 (고난)
杯 잔배	杯	杯	苦待 (고대)
			苦悶 (고민)
			苦生 (고생)

十古古古故故	乡乡乡乡纩纩鄕鄕	◆ **고향** : 자기가 태어나서 자란 곳.	
故 연고고	故	故	故國 (고국)
鄕 고을향	鄕	鄕	故意 (고의)
			故障 (고장)
			別故 (별고)

丨口冂曲曲曲	糸糹紒紒綌線線	◆ **곡선** : 부드럽게 구부러진 선.	
曲 굽을곡	曲	曲	曲目 (곡목)
線 실선	線	線	曲藝 (곡예)
			曲折 (곡절)
			歌曲 (가곡)

● **주요 한자 결구** ||||||||||||||||||||||||

16 기초 漢字 쓰기

 **삶의 지혜**

결혼이란 하늘에서 맺어지고 땅에서 완성된다. -존 릴리-

필순	훈음			뜻풀이	용례
丨 冂 冃 用 困 困 困 廿 苗 苗 莫 莫 難 難 難				◆ **곤난** : 몹시 귀찮고 어려운 처지나 지경.	困境(곤경) 困辱(곤욕) 困惑(곤혹) 貧困(빈곤)
困	곤할 곤	困	困		
難	어려울 난	難	難		
冂 冃 冎 咼 骨 骨 骨 丨 冂 内 内 肉 肉				◆ **골육** : 뼈와 살.	骨格(골격) 骨盤(골반) 骨子(골자) 骨折(골절)
骨	뼈 골	骨	骨		
肉	고기 육	肉	肉		
丿 八 公 公 訁 訡 訡 證 證 證 證 證				◆ **공증** : 관리가 직권을 따라서 증명하는 것.	公務(공무) 公募(공모) 公私(공사) 公演(공연)
公	공변될 공	公	公		
證	증거 증	證	證		
一 十 卄 共 共 共 マ 甬 甬 甬 涌 通 通				◆ **공통** : 여럿 사이에 같은 관계.	共感(공감) 共同(공동) 共有(공유) 共存(공존)
共	함께 공	共	共		
通	통할 통	通	通		
冂 冃 咼 咼 渦 渦 過 一 十 土 去 去				◆ **과거** : 지나간 때. 현재 이전의 세월.	過多(과다) 過勞(과로) 過敏(과민) 過用(과용)
過	지날 과	過	過		
去	갈 거	去	去		

● **주요 한자 결구**

삶의 지혜
겸손한 자만이 다스릴 것이요, 애써 일하는 자만이 가질 것이다. -에머슨-

科目	과목과 눈목	科 目	科 目	◆ **과목** : 학문이나 교과의 구분.	敎科 (교과) 內科 (내과) 法科 (법과) 學科 (학과)
課稅	매길과 세금세	課 稅	課 稅	◆ **과세** : 조세를 매기어 받음.	課外 (과외) 課長 (과장) 課題 (과제) 日課 (일과)
觀客	볼관 손객	觀 客	觀 客	◆ **관객** : 구경이나 관람을 하는 사람.	觀光 (관광) 觀念 (관념) 觀望 (관망) 觀衆 (관중)
關與	빗장관 줄여	關 與	關 與	◆ **관여** : 어떤 일에 관계하여 참여함.	關係 (관계) 關心 (관심) 關聯 (관련) 關門 (관문)
官印	벼슬관 도장인	官 印	官 印	◆ **관인** : 관청 등에서 공무로 쓰는 도장.	官吏 (관리) 官員 (관원) 官認 (관인) 官廳 (관청)

● **주요 한자 결구**

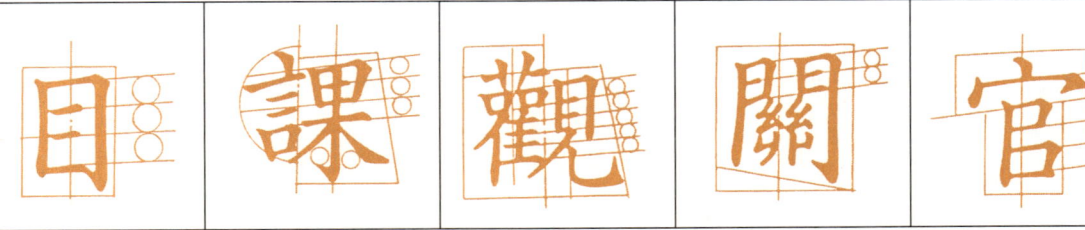

18 기초 漢字 쓰기

삶의 지혜
경험은 최고의 교사이다. 다만 수업료가 지나치게 비싸다고나 할까. -칼라일-

	⼁⼁⼂⼃⼄⼅光	⼁⼁⼃⼄⼂復復復	◆ **광복** : 잃었던 나라를 다시 되찾음.		
光	빛 광	光	光		光景 (광경)
					光線 (광선)
復	회복할 복	復	復		光彩 (광채)
					光澤 (광택)
	⼁⼁⼃⼄席席廣廣	⼁⼁⼂⼃坍坍場場	◆ **광장** : 너른 마당. 역전 등 너른 광장.		
廣	넓을 광	廣	廣		廣告 (광고)
					廣範 (광범)
場	마당 장	場	場		廣域 (광역)
					廣野 (광야)
	木木朴枝橋橋橋	月月肝肚脒脚脚	◆ **교각** : 다리의 기둥.		
橋	다리 교	橋	橋		浮橋 (부교)
					陸橋 (육교)
脚	다리 각	脚	脚		鐵橋 (철교)
					板橋 (판교)
	⼁⼂广宀六宀交	口日日月易易易	◆ **교역** : 상품이나 물건 등을 서로 사고 파는 것.		
交	사귈 교	交	交		交代 (교대)
					交付 (교부)
易	바꿀 역	易	易		交友 (교우)
					交際 (교제)
	メ⼂⼃孝孝孝敎	⼂宀宀宀育育育	◆ **교육** : 가르쳐 지식 등을 키워 줌.		
敎	학교 교	敎	敎		敎師 (교사)
					敎室 (교실)
育	기를 육	育	育		敎職 (교직)
					敎會 (교회)

● 주요 한자 결구

中學 900

삶의 지혜

고난과 불행이 찾아올 때에 비로소 친구가 친구임을 안다. −이태백−

획순	훈음	쓰기			◆ 뜻풀이	단어
十 木 术 村 村 校 校 / 丨 冂 冃 冄 貝 貝 則					◆ **교칙** : 학생이 지켜야 할 학교의 규범.	校監 (교감)
校	학교 교	校	校			校門 (교문)
則	법 칙	則	則			校服 (교복)
						校友 (교우)
亅 寸 求 求 求 求 救 / 丨 冂 日 月 盯 助					◆ **구조** : 목숨이 위태로운 사람을 살려냄.	救國 (구국)
救	구원할 구	救	救			救急 (구급)
助	도울 조	助	助			救援 (구원)
						救護 (구호)
丿 九 / 丨 冂 冋 冋 回 回					◆ **구회** : 아홉 번째 회의 차례나 횟수.	九個 (구개)
九	아홉 구	九	九			九番 (구번)
回	돌아올 회	回	回			九月 (구월)
						九號 (구호)
ㄱ ㅋ 尹 君 君' 郡 郡 / ' ' 宀 宀 守 守					◆ **군수** : 한 군의 행정을 맡아보는 최고 직위.	郡面 (군면)
郡	고을 군	郡	郡			郡民 (군민)
守	지킬 수	守	守			郡邑 (군읍)
						郡廳 (군청)
ㄱ ㅋ ㅋ 尹 尹 君 君 / 一 丅 丆 丏 臣 臣					◆ **군신** : 임금과 신하.	君臨 (군림)
君	임금 군	君	君			君王 (군왕)
臣	신하 신	臣	臣			君子 (군자)
						郎君 (낭군)

● **주요 한자 결구**

  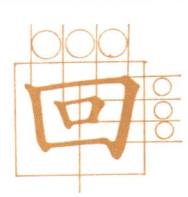  

20 기초 漢字 쓰기

삶의 지혜

고통은 인간의 위대한 교사이다. 고통의 숨결 속에서 영혼은 발육된다. -에센 바하-

木 木 木 栌 栌 榨 榨 權　　一 二 干 禾 禾 利 利	◆ **권리** : 법적으로 보장되어 있는 자격이나 자유.	
權 권세권 權 權		權力 (권력)
利 이로울리 利 利		權威 (권위)
		權益 (권익)
		權限 (권한)
ハ ハ ヅ 乍 芣 佘 卷　　一 二 丁 末 末	◆ **권말** : 책의 맨 끝.	
卷 책권 卷 卷		卷頭 (권두)
末 끝말 末 末		卷數 (권수)
		壓卷 (압권)
		通卷 (통권)
⺿ 萨 華 雚 雚 勸 勸　　⺈ 夕 夕 免 免 勉	◆ **권면** : 알아듣도록 타일러서 힘쓰게 함.	
勸 권할권 勸 勸		勸告 (권고)
勉 힘쓸면 勉 勉		勸善 (권선)
		勸誘 (권유)
		勸奬 (권장)
口 中 虫 虫 青 貴 貴　　一 丁 下	◆ **귀하** : 상대방을 존중하여 부르는 말.	
貴 귀할귀 貴 貴		貴賓 (귀빈)
下 아래하 下 下		貴人 (귀인)
		貴重 (귀중)
		貴賤 (귀천)
´ 户 自 自 帥 帥 歸 歸　　´ ⺅ 亻 化	◆ **귀화** : 다른 나라의 국적을 얻어 국민이 됨.	
歸 돌아올귀 歸 歸		歸家 (귀가)
化 될화 化 化		歸國 (귀국)
		歸路 (귀로)
		歸鄕 (귀향)

● **주요 한자 결구**

기초 漢字 쓰기 21

삶의 지혜

공인된 키스는 훔친 키스보다 감미롭지 못하다. −모파상−

根	뿌리 근	木 村 村 柯 柯 根 根 根 根	◆ 근성 : 태어날 때부터 지닌 고유의 성질.	根據 (근거) 根本 (근본)
性	성품 성	性 性 一 忄 忄 忄 忄 性 性		根源 (근원) 根絕 (근절)
禁	금할 금	木 村 林 林 埜 埜 禁 禁	◆ 금지 : 하지 못하도록 함.	禁忌 (금기) 禁物 (금물)
止	그칠 지	止 止 丨 卜 屮 止		禁食 (금식) 禁煙 (금연)
及	미칠 급	及 及 丿 乃 及	◆ 급락 : 급제와 낙방.	未及 (미급) 普及 (보급)
落	떨어질 락	落 落 ヽ ナ 艹 艹 ザ ず 莎 莎 落		遡及 (소급) 言及 (언급)
給	줄 급	給 給 ﾑ 幺 糸 糸 糸 給 給 給	◆ 급식 : 학교나 공장 등에서 식사를 제공함.	給料 (급료) 給水 (급수)
食	먹을 식	食 食 人 人 今 今 今 食 食 食		發給 (발급) 支給 (지급)
急	급할 급	急 急 ˊ ˊ ˊ 多 多 多 急 急	◆ 급증 : 어떤 사물이나 현상이 갑자기 증가함.	急落 (급락) 急變 (급변)
增	더할 증	增 增 土 扩 圹 圳 埔 增 增		急性 (급성) 急進 (급진)

● **주요 한자 결구** ||||||||||||||||

삶의 지혜
굳은 결심은 자신만이 가질 수 있는 가장 유용한 지식이다. -나폴레옹-

一十才才扩抄技 冫冫冫汁法法法	◆ **기법**: 기교와 방법.
技 재주기 技 技 法 법법 法 法	技巧 (기교) 技能 (기능) 技術 (기술) 技藝 (기예)
一十廿艹其基基基 丨冂月冈冈因	◆ **기인**: 어떤 일이 일어나게 된 근본이 되는 이유.
基 터기 基 基 因 인할인 因 因	基金 (기금) 基盤 (기반) 基準 (기준) 基礎 (기초)
白白自自的旣旣 一ナオ存存存	◆ **기존**: 이미 존재함. 이미 존재한 것.
旣 이미기 旣 旣 存 있을존 存 存	旣得 (기득) 旣成 (기성) 旣往 (기왕) 旣婚 (기혼)
幺幺丝丝丝丝幾幾幾 一二千	◆ **기천**: 몇 천.
幾 몇기 幾 幾 千 일천천 千 千	幾百 (기백) 幾萬 (기만) 幾十 (기십) 幾何 (기하)
一十廿甘其其其 丿亻仃仲他	◆ **기타**: 그 밖. 그 밖의 또 다른 것.
其 그기 其 其 他 다를타 他 他	他官 (타관) 他校 (타교) 他意 (타의) 他鄕 (타향)

● **주요 한자 결구**

기초 漢字 쓰기 23

삶의 지혜
긍지는 인간이 입을 수 있는 가장 훌륭한 갑옷이다. -제롬-

一十士古古吉吉		ノメ区凶	◆ **길흉** : 길함과 흉함. 좋은 일과 언짢은 일.	
吉	길할길 吉	吉		吉日 (길일)
				吉兆 (길조)
凶	흉할흉 凶	凶		吉鳥 (길조)
				不吉 (불길)
日 旷旷旷旷暖暖		厂广户户户房房	◆ **난방** : 방을 덥게 함.	
暖	따뜻할난 暖	暖		暖帶 (난대)
				暖流 (난류)
房	방방 房	房		溫暖 (온난)
				和暖 (화난)
一十内内内南南		才木木朽柯極極	◆ **남극** : 지축의 남쪽 끝.	
南	남녘남 南	南		南國 (남국)
				南端 (남단)
極	지극할극 極	極		南方 (남방)
				南向 (남향)
1 口日田田男		亻亻伫伫伍便便	◆ **남편** : 장가들어 여자의 짝이 되는 남자.	
男	사내남 男	男		男妹 (남매)
				男兒 (남아)
便	편할편 便	便		長男 (장남)
				次男 (차남)
1 口内内		一亠立音音部部	◆ **내부** : 안쪽 부분. 어떤 사물의 속.	
内	안내 内	内		内科 (내과)
				内幕 (내막)
部	떼부 部	部		内申 (내신)
				内容 (내용)

● **주요 한자 결구**

24 기초 漢字 쓰기

삶의 지혜

나는 내 운명의 주인이요, 나는 내 마음의 선장이다. -윌리암 어네스트 헨리-

한자	훈음	쓰기	획순	뜻풀이	단어
乃 至	이에 내 / 이를 지	乃 至	丿乃 / 一丆丆至至至	◆ 내지 : 얼마에서 얼마까지(접속부사).	至極 (지극) / 至當 (지당) / 至誠 (지성) / 至嚴 (지엄)
勞 力	수고할 로 / 힘 력	勞 力	丷丷丷㷉㷉勞勞 / 𠃌力	◆ 노력 : 생산을 위해 힘쓰는 몸과 정신의 활동.	功勞 (공로) / 過勞 (과로) / 勤勞 (근로) / 慰勞 (위로)
老 幼	늙을 로 / 어릴 유	老 幼	一十土耂耂老 / 乙幺幺幻幼	◆ 노유 : 늙은이와 어린이.	敬老 (경로) / 養老 (양로) / 年老 (연로) / 長老 (장로)
露 天	이슬 로 / 하늘 천	露 天	雨雨雫雫霚露露 / 一二チ天	◆ 노천 : 한데. 상하 사방이 가려있지 아니한 바깥.	發露 (발로) / 綻露 (탄로) / 吐露 (토로) / 暴露 (폭로)
綠 陰	초록빛 록 / 그늘 음	綠 陰	糸糹糽紵絞綠 / 阝阡阣阾陰陰	◆ 녹음 : 푸른 잎으로 무성히 우거진 나무 그늘.	綠色 (녹색) / 綠衣 (녹의) / 綠茶 (녹차) / 草綠 (초록)

● 주요 한자 결구

 **삶의 지혜**

남자가 야생동물이면 여자는 이 야생동물을 길들이는 자이다. -폴리스 바이언-

	曲曲曲曹曹農農農	三丰未耒耒耔耕	◆ **농경**: 논밭을 갈아 농사를 지음.		
農	농사 농	農	農		農民 (농민)
					農事 (농사)
耕	밭갈 경	耕	耕		農夫 (농부)
					農村 (농촌)
	ノクタ夕多多	口日田昌貴婁數數	◆ **다수**: 수효가 많음. 많은 수효.		
多	많을 다	多	多		多量 (다량)
					多分 (다분)
數	셀 수	數	數		多少 (다소)
					多情 (다정)
	四甲甲骨骨單	ノイイ代代位位	◆ **단위**: 수량·조직 등 비교·기준이 되는 표준.		
單	단위 단	單	單		單獨 (단독)
					單色 (단색)
位	벼슬 위	位	位		單純 (단순)
					單元 (단원)
	立立立立端端端	一丁下正正	◆ **단정**: 복장이나 품행 등이 얌전하고 바름.		
端	끝 단	端	端		端書 (단서)
					端役 (단역)
正	바를 정	正	正		端午 (단오)
					發端 (발단)
	ノイイ17但但但	丶ロロ只只	◆ **단지**: 다만. 오직.(부사)		
但	다만 단	但	但		非但 ((비단)
					但書 (단서)
只	다만 지	只	只		

● **주요 한자 결구** ||||||||||||||||||||||||||||||||||||||||||

26 기초 漢字 쓰기

 **中學900**

삶의 지혜

남자는 언제나 여인의 첫사랑이 되고 싶어하고, 여자는 남자의 마지막 낭만이 되려고만 한다. -와일드-

필순	필순	◆ 단편 : 짧은 작품. 단편소설의 준말.
矢 矢 矢 知 短 短 短 短	⺮ ⺮ ⺮ 笁 篇 篇 篇	短文 (단문)
短 짧을 단 短 短		短信 (단신)
篇 책 편 篇 篇		短點 (단점)
		短縮 (단축)

土 토 幸 幸 幸 達 達	丿 厂 厂 戌 成 成 成	◆ 달성 : 목적한 바를 이룸.
達 통달할 달 達 達		達人 (달인)
成 이룰 성 成 成		到達 (도달)
		配達 (배달)
		傳達 (전달)

⺮ ⺮ 笠 笁 答 答	亠 言 言 言 訂 訪 訪	◆ 답방 : 다른 사람 방문에 대한 답례의 방문.
答 대답할 답 答 答		答辯 (답변)
訪 찾을 방 訪 訪		答禮 (답례)
		答信 (답신)
		答狀 (답장)

业 半 半 半 當 當 當 當	ク タ 夕 쏘 쏘 然 然	◆ 당연 : 이치로 보아 마땅함.
當 마땅할 당 當 當		當局 (당국)
然 그럴 연 然 然		當代 (당대)
		當番 (당번)
		當付 (당부)

丿 イ 仁 代 代	王 珇 珇 珇 理 理	◆ 대리 : 남을 대신하여 일을 처리함.
代 대신할 대 代 代		代金 (대금)
理 이치 리 理 理		代身 (대신)
		代打 (대타)
		代表 (대표)

● 주요 한자 결구

삶의 지혜
내가 없는 곳에서 나를 칭찬해 주는 사람,
그가 바로 진정 친구이다. -이 언-

待	기다릴 대	彳 彳 彳 彳 彳 待 待 待	◆ 대우 : 예의를 갖추어 대함.
遇	만날 우	口 日 日 日 禺 禺 遇 遇	苦待 (고대) / 期待 (기대) / 冷待 (냉대) / 待接 (대접)

對	대할 대	丨 业 业 业 芈 芈 對 對	◆ 대화 : 마주 대해 이야기함. 또는 그 이야기.
話	말씀 화	丶 言 言 言 訂 訢 話 話	對價 (대가) / 對等 (대등) / 對備 (대비) / 對應 (대응)

徒	무리 도	彳 彳 彳 徂 徂 徒 徒	◆ 도보 : 탈것을 타지 않고 걸어감.
步	걸음 보	丨 卜 屮 屮 步 步	佛徒 (불도) / 使徒 (사도) / 信徒 (신도) / 暴徒 (폭도)

都	도읍 도	ㅗ 耂 耂 者 者 者 都 都	◆ 도시 : 도회지. 많은 사람이 살고 있는 번화한 지역.
市	저자 시	丶 亠 亣 市 市	都賣 (도매) / 都心 (도심) / 首都 (수도) / 港都 (항도)

圖	그림 도	冂 門 門 門 冏 圖 圖	◆ 도장 : 이름을 나무나 돌 등에 새긴 서명용 물건.
章	글 장	亠 立 产 产 咅 咅 音 章 章	圖面 (도면) / 圖書 (도서) / 圖案 (도안) / 略圖 (약도)

● 주요 한자 결구

28 기초 漢字 쓰기

삶의 지혜

당나귀는 긴 귀로 구별할 수 있으며 어리석은 자는 긴 혀로 구별할 수 있다. -유태 격언-

到着	이를 도 / 붙을 착	ㄱ ㄹ ㅈ 죽 포 到 到 / 丷 丷 半 羊 着 着 着	到 着	◆ **도착** : 목적지에 다다름.	當到 (당도) / 周到 (주도) / 到達 (도달) / 到處 (도처)
獨立	홀로 독 / 설 립	ㆍ ㆍ ㆍ ㆍ ㆍ 獨 獨 獨 獨 / 丶 亠 亠 立 立	獨 立	◆ **독립** : 남에게 의지함 없이 자력으로 따로 섬.	獨房 (독방) / 獨身 (독신) / 獨子 (독자) / 獨占 (독점)
讀書	읽을 독 / 글 서	言 言 讀 讀 讀 讀 讀 / ㄱ ㅋ 聿 聿 書 書 書	讀 書	◆ **독서** : 책을 읽음. 책을 읽는 것.	購讀 (구독) / 朗讀 (낭독) / 代讀 (대독) / 讀解 (독해)
冬眠	겨울 동 / 잠잘 면	ㄱ ㄱ 夂 冬 冬 / 目 目 目 眠 眠 眠	冬 眠	◆ **동면** : 특정 동물이 겨울을 나기 위해 땅속·물속에서 잠.	冬季 (동계) / 冬服 (동복) / 冬至 (동지) / 嚴冬 (엄동)
洞民	고을 동 / 백성 민	氵 氵 汩 洞 洞 洞 洞 / ㄱ ㄱ 尸 民 民	洞 民	◆ **동민** : 그 동에 사는 사람. 한 동네에서 사는 사람.	洞口 (동구) / 洞里 (동리) / 洞會 (동회) / 洞長 (동장)

● **주요 한자 결구**

기초 漢字 쓰기 29

 **삶의 지혜**

당신은 항상 영웅이 될 수 없다. 그러나 항상 사람은 될 수 있다. -괴테-

丨 冂 冂 同 同 同		亠 方 방 넉 族 族 族	◆ **동족** : 같은 겨레 또는 혈족. 같은 민족.	
同	같을 동 同 同			同感 (동감) 同居 (동거)
族	겨레 족 族 族			同等 (동등) 同詩 (동시)
一 冂 冂 百 車 東 東		氵 氵 汀 汀 海 海 海	◆ **동해** : 동쪽의 바다. 동쪽에 있는 바다.	
東	동녘 동 東 東			東方 (동방) 東西 (동서)
海	바다 해 海 海			東部 (동부) 東風 (동풍)
一 戸 戸 豆 豆 豆 頭 頭		′ ″ ″ 角 角 角 角	◆ **두각** : 뛰어난 학식·재능 등으로 우뚝 섬.	
頭	머리 두 頭 頭			頭腦 (두뇌) 頭目 (두목)
角	뿔 각 角 角			頭緒 (두서) 頭痛 (두통)
一 戸 戸 戸 豆 豆		一 ナ 大 太	◆ **두태** : 콩과 팥. 콩팥의 군두목.	
豆	콩 두 豆 豆			豆類 (두류) 豆腐 (두부)
太	클 태 太 太			豆油 (두유) 豆乳 (두유)
′ ブ ブ 癶 癶 登 登 登		丁 丆 丌 瓩 頂 頂 頂	◆ **등정** : 산 따위의 정상에 오름.	
登	오를 등 登 登			登校 (등교) 登記 (등기)
頂	정수리 정 頂 頂			登山 (등산) 登場 (등장)

● **주요 한자 결구** ||||||||||||||||||||||||||||

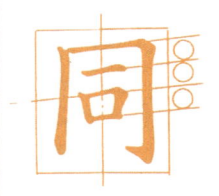    

기초 漢字 쓰기

삶의 지혜
대화는 배우려는 사람들의 실험실이요, 작업장이다. -에머슨-

			◆ 막심 : 대단히 심함. 아주 대단함.	
莫	없을 막	艹艹艹昔昔莫莫	一十廿廿甘甚甚甚	莫强 (막강)
		莫	莫	莫大 (막대)
甚	심할 심	甚	甚	莫論 (막론)
				莫重 (막중)
		艹艹艹昔萬萬萬	艹艹艹芒若若若	◆ 만약 : 만일. (부사로)혹시 그러한 경우에...
萬	일만 만	萬	萬	萬古 (만고)
				萬年 (만년)
若	만일 약	若	若	萬能 (만능)
				萬般 (만반)
		氵沪沪滞滞滿滿滿	丨口口甲甲무足足	◆ 만족 : 마음에 흡족함. 흡족하게 생각함.
滿	찰 만	滿	滿	滿期 (만기)
				滿了 (만료)
足	발 족	足	足	滿員 (만원)
				滿場 (만장)
		日旷旷晩晩晩	金釒釒銵銵鐘鐘	◆ 만종 : 저녁때 절이나 교회·성당 등에서 치는 종.
晩	늦을 만	晩	晩	晩年 (만년)
				晩時 (만시)
鐘	쇠북 종	鐘	鐘	晩秋 (만추)
				晩學 (만학)
		′ 亡 仁 每 每 每	′ 仁 上 午 年	◆ 매년 : 매해. 해마다.
每	매양 매	每	每	每番 (매번)
				每事 (매사)
年	해 년	年	年	每日 (매일)
				每週 (매주)

● 주요 한자 결구

 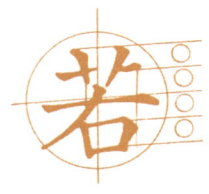   

기초 漢字 쓰기 31

 **삶의 지혜**
도박을 즐기는 모든 인간은, 불확실한 것을
얻기 위해서 확실한 것을 걸고 내기를 한다. -파스칼-

十吉朩壺壺賣賣	冂四罒罒胃胃買	◆ **매매** : 물건 등을 팔고 사는 일.		
賣	팔매	賣	賣	賣却 (매각)
				賣渡 (매도)
買	살매	買	買	賣上 (매상)
				賣盡 (매진)
一广丆朩夾麥麥	冫氵汀沂洒洒酒酒	◆ **맥주** : 엿기름에 홉을 넣어 발효시킨 술.		
麥	보리맥	麥	麥	小麥 (소맥)
				壓麥 (압맥)
酒	술주	酒	酒	精脈 (정맥)
				秋麥 (추맥)
丁丌丣吊免免	亠言言言言許許	◆ **면허** : 특정한 일을 관청에서 공식적으로 허가하는 일.		
免	면할면	免	免	免稅 (면세)
				免疫 (면역)
許	허락할허	許	許	免除 (면제)
				免責 (면책)
ㄑ ㄨ 女 妌 奶 妙	宀宀安安安案案	◆ **묘안** : 좋은 생각. 아주 뛰어난 방안. 묘책.		
妙	묘할묘	妙	妙	妙技 (묘기)
				妙味 (묘미)
案	책상안	案	案	妙手 (묘수)
				妙策 (묘책)
一 𠂉 卄 艹 芢 茂 茂	一厂厈成成盛盛	◆ **무성** : 풀이나 나무 등이 많이 나서 우거짐.		
茂	무성할무	茂	茂	盛大 (성대)
				盛衰 (성쇠)
盛	성할성	盛	盛	盛業 (성업)
				盛行 (성행)

● **주요 한자 결구**

32 기초 漢字 쓰기

삶의 지혜

돈이 많아지면 곧 미덕은 감소된다.
－베베르－

				◆ 무술: 육십갑자의 서른다섯째. 무술년.
戊戊	천간무 개술	ノ厂戊戊戊 戊 戊	ノ厂戸戌戌戌 戊 戊	戊申 (무신) 戊午 (무오) 戊寅 (무인) 戊子 (무자)
				◆ 무지: 지식이 없음. 아는 것이 없음.
無知	없을무 알지	ノ一ニ無無無 無 知	ノ一ニ矢知知知 無 知	無故 (무고) 無難 (무난) 無禮 (무례) 無事 (무사)
				◆ 묵화: 먹으로 그린 그림. 곧 동양화. 먹그림.
墨畵	먹묵 그림화	口四甲黑黑墨墨 墨 畵	ㄱㄹ書書書書畵 墨 畵	白墨 (백묵) 紙墨 (지묵) 筆墨 (필묵) 硯墨 (연묵)
				◆ 문제: 해답을 필요로 하는 물음. 해결해야 할 사항.
問題	물을문 제목제	「「「門門問問 問 題	日早是是題題題 問 題	問答 (문답) 問病 (문병) 問議 (문의) 問責 (문책)
				◆ 문호: 집으로 출입하는 문. 외부와의 교류를 위한 통로.
門戶	문문 집호	｜ｒｒ門門門 門 戶	ﾞノ尸戶 門 戶	大門 (대문) 東門 (동문) 正門 (정문) 後門 (후문)

● **주요 한자 결구** ||||||||||||||||||||||||||||||

    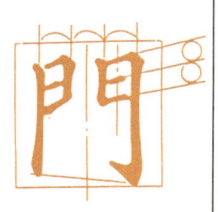

기초 漢字 쓰기 33

삶의 지혜

두 여인을 화합시키기 보다는 유럽 전체를 화합시키는 편이 쉽다. -루이 14세-

				◈ **물론** : 말할 것도 없음. 말할 것도 없이.	
勿論	말 물 의논할 론	ノク勹勿 勿 論	言言言言論論論 勿 論		結論 (결론) 公論 (공론) 反論 (반론) 評論 (평론)
				◈ **미래** : 앞으로 올 시기나 때. 장래(將來).	
未來	아닐 미 올 래	一二才才未 未 來	一厂厂厂厂來來 未 來		未決 (미결) 未納 (미납) 未安 (미안) 未定 (미정)
				◈ **미화** : 미국의 화폐, 곧 달러(dollar).	
美貨	아름다울 미 재물 화	丷丷丷半美美美 美 貨	亻亻化化貨貨貨 美 貨		美國 (미국) 美貌 (미모) 美術 (미술) 美醜 (미추)
				◈ **반도** : 세 면이 바다에 싸이고, 한 면만 육지로 이어진 땅.	
半島	반 반 섬 도	ノハ八半半 半 島	′宀白鳥鳥島島 半 島		夜半 (야반) 折半 (절반) 殆半 (태반) 後半 (후반)
				◈ **반응** : 작용·자극에 의해 어떠한 현상이 일어남.	
反應	돌이킬 반 응할 응	一厂反反 反 應	广广府府府雁應應 反 應		反共 (반공) 反對 (반대) 反省 (반성) 反則 (반칙)

● **주요 한자 결구**

삶의 지혜

마음을 비우면 건강해지고 정력이 넘친다.
— 노만 필 박사(미국 목사)의 저서〈적극적인 사고방식〉에서 —

ノ 人 今 今 食 食 食 飯 飯		广 广 广 广 店 店 店	◆ **반점** : '식당'의 중국식 칭호.		
飯	밥 반	飯	飯	飯酒 (반주)	
店	가게 점	店	店	白飯 (백반)	
				素飯 (소반)	
				朝飯 (조반)	
ᄼ ᄽ ᄽ ᄽ 癶 癶 發 發		´ 亻 亻 自 身 身 射 射	◆ **발사** : 총포·미살일·로켓 등을 쏨.		
發	필 발	發	發	發見 (발견)	
射	쏠 사	射	射	發給 (발급)	
				發賣 (발매)	
				發生 (발생)	
' 了 阝 阝 阝 防 防		宀 宀 宀 宣 寒 寒 寒	◆ **방한** : 재료 등을 이용하여 추위를 막음.		
防	막을 방	防	防	防共 (방공)	
寒	찰 한	寒	寒	防備 (방비)	
				防水 (방수)	
				防止 (방지)	
' 亠 方 方		´ 亻 向 向 向 向	◆ **방향** : 향하는 쪽. 뜻이 향하는 곳.		
方	모 방	方	方	方面 (방면)	
向	향할 향	向	向	方法 (방법)	
				方策 (방책)	
				方針 (방침)	
一 丆 丆 万 百 百		亻 亻 俨 倍 億 億 億	◆ **백억** : 일억의 백배.		
百	일백 백	百	百	百計 (백계)	
億	억 억	億	億	百方 (백방)	
				百姓 (백성)	
				百合 (백합)	

● 주요 한자 결구

 **삶의 지혜**
말 수가 적고 친절한 것은 여성의 가장 좋은 장식이다. —톨스토이—

				◆ **번호** : 차례를 나타내거나 식별을 위해 붙인 숫자.	
番	차례 번	番	番		加減 (번지)
號	부를 호	號	號		番號 (번호)
					當番 (당번)
					週番 (주번)
				◆ **벌초** : 무덤의 잡초를 베어서 깨끗이 함.	
伐	칠 벌	伐	伐		伐木 (벌목)
草	풀 초	草	草		伐採 (벌채)
					殺伐 (살벌)
					征伐 (정벌)
				◆ **범례** : 책의 내용이나 사물의 사용법 등을 설명한 글.	
凡	범상할 범	凡	凡		凡夫 (범부)
例	법식 례	例	例		凡事 (범사)
					非凡 (비범)
					平凡 (평범)
				◆ **변경** : 하고자 했던 것의 모양이나 일정 등을 바꾸어 고침.	
變	변할 변	變	變		變故 (변고)
更	고칠 경	更	更		變德 (변덕)
					變動 (변동)
					變化 (변화)
				◆ **병인** : 육십갑자의 셋째.	
丙	남녘 병	丙	丙		丙亂 (병란)
寅	범 인	寅	寅		丙戌 (병술)
					丙申 (병신)
					丙午 (병오)

● **주요 한자 결구**

삶의 지혜

말하는 것은 지식의 영역이고 듣는 것은 지혜의 특권이다. －올리버 웬들 홈스 －

疒广疒疒病病病	口吕串串患患患		◆ 병환 : '병'의 높임말.	
病 병들 병	病	病		病暇 (병가) 病名 (병명)
患 근심 환	患	患		病室 (병실) 病院 (병원)
土𠮷𠮷幸𡎎報報	ノ⺧牛牛牛告告		◆ 보고 : 어떤 일의 내용이나 결과를 글 또는 말로 알림.	
報 갚을 보	報	報		報答 (보답) 報道 (보도)
告 고할 고	告	告		報恩 (보은) 情報 (정보)
ノイ仁仅仅保保保	𠂉𠂉𠂉留留留留		◆ 보류 : 그 자리에서 결정하지 않고, 결정을 뒤로 미룸.	
保 보전할 보	保	保		保健 (보건) 保管 (보관)
留 머무를 류	留	留		保安 (보안) 保險 (보험)
二三丰夫夫表奉	ノイ千仕仕		◆ 봉사 : 국가·사회·단체 또는 남을 위해 헌신적으로 일함.	
奉 받들 봉	奉	奉		奉送 (봉송) 奉養 (봉양)
仕 벼슬 사	仕	仕		奉祝 (봉축) 信奉 (신봉)
久久冬圣圣逢逢	一丆雨雨雨雨雨		◆ 봉우 : 비를 만남. 賣鹽逢雨(매염봉우)	
逢 만날 봉	逢	逢		逢變 (봉변) 逢着 (봉착)
雨 비 우	雨	雨		逢打 (봉타) 相逢 (상봉)

● 주요 한자 결구

기초 漢字 쓰기 37

 **삶의 지혜**
먹는 것은 자기 자신을 즐겁게 하기 위함이요, 입는 것은 남을 즐겁게 하기 위함이다. －벤 저민 프랭클린－

一 ブ 才 不	亻 彳 彳 彳 德 德 德	◆ **부덕** : 덕이 없음. 不德(부덕)의 所致(소치)
不 아닐부 / 德 큰덕	不 德	不 德	不當 (부당) / 不動 (부동) / 不實 (부실) / 不振 (부진)
氵氵氵浮浮浮	氵氵氵浪浪浪	◆ **부랑** : 일정한 주거나 직업이 없이 떠돌아 다님. 부랑아.
浮 뜰부 / 浪 물결랑	浮 浪	浮 浪	浮氣 (부기) / 浮力 (부력) / 浮上 (부상) / 浮揚 (부양)
ノ ハ グ 父	乙 ㇉ 口 母 母	◆ **부모** : 아버지와 어머니. 어버이, 양친.
父 아비부 / 母 어미모	父 母	父 母	代父 (대부) / 伯父 (백부) / 師父 (사부) / 叔父 (숙부)
一 ブ 才 不 不 否 否	言 訁 訁 訒 認 認 認	◆ **부인** : 어떤 사실이나 결과를 인정하지 않음.
否 아니부 / 認 인정할인	否 認	否 認	否決 (부결) / 拒否 (거부) / 可否 (가부) / 眞否 (진부)
丨 ㅓ 기 北	` ``三 斗	◆ **북두** : '북두칠성'의 준말.
北 북녘북 / 斗 말두	北 斗	北 斗	北極 (북극) / 北進 (북진) / 北韓 (북한) / 以北 (이북)

● **주요 한자 결구**

삶의 지혜
모자란다는 여백, 그 여백이 오히려 기쁨의 샘이 된다. -파스칼-

필순	한자	쓰기	단어	뜻풀이
ㅅ 八 分 分 / ㄱ 日 日 旷 明 明 明	分 (나눌 분) / 明 (밝을 명)	分 明	◆ **분명** : 확실히. 틀림없이.	分量 (분량) / 分類 (분류) / 分配 (분배) / 分野 (분야)
刀 月 月 月 朋 朋 朋 / 一 ナ 方 友	朋 (벗 붕) / 友 (벗 우)	朋 友	◆ **붕우** : 친구. 朋友有信(붕우유신)	校友 (교우) / 級友 (급우) / 親友 (친우) / 友情 (우정)
亻 亻 什 伊 俌 備 備 / 亠 亡 乍 忘 忘 忘	備 (갖출 비) / 忘 (잊을 망)	備 忘	◆ **비망** : 잊어버리지 않기 위해 대비하는 일.	具備 (구비) / 對備 (대비) / 守備 (수비) / 完備 (완비)
｜ ナ ヺ 非 非 悲 悲 / 亠 宀 占 古 亨 哀 哀	悲 (슬플 비) / 哀 (슬플 애)	悲 哀	◆ **비애** : 슬픔과 서러움.	悲觀 (비관) / 悲報 (비보) / 悲哀 (비애) / 悲痛 (비통)
ㄇ 白 自 鳥 鼻 鼻 鼻 / 丷 丷 火 火 ザ 쑛 炎	鼻 (코 비) / 炎 (불꽃 염)	鼻 炎	◆ **비염** : 콧속 점막의 염증. 비카타르.	腦炎 (뇌염) / 胃炎 (위염) / 暴炎 (폭염) / 炎症 (염증)

● 주요 한자 결구

기초 漢字 쓰기 39

中學 900

삶의 지혜

무슨 일이고 참을 수 있는 사람은 무슨 일이고 실행할 수 있다. -보르나르그-

貧村	分分必必符符貧貧 一十才才村村	◆ **빈촌** : 가난한 사람들이 사는 마을.	
	가난할 빈 / 마을 촌	貧 村	貧困 (빈곤) / 貧民 (빈민) / 貧富 (빈부) / 貧血 (빈혈)
氷河	丨丨∃氷氷 丶氵氵汀汀河河	◆ **빙하** : 만년설이 비탈면을 흘러 내려와 이룬 강.	
	얼음 빙 / 물 하	氷 河	氷壁 (빙벽) / 氷雪 (빙설) / 氷板 (빙판) / 氷河 (빙하)
四句	丨冂𠕁四四 ノ勹勹句句	◆ **사구** : 넉자로 이뤄진 구.	
	넉 사 / 글귀 구	四 句	四季 (사계) / 四面 (사면) / 四書 (사서) / 四寸 (사촌)
私設	一二千千禾私私 言言言訁訜設設	◆ **사설** : 개인이 설립함. 또는 그 시설.	
	사사 사 / 베풀 설	私 設	私立 (사립) / 私服 (사복) / 私席 (사석) / 私有 (사유)
使用	亻亻𠂉伂伃伊使 丿冂月月用	◆ **사용** : 물건을 쓰거나 사람을 부리는 일.	
	부릴 사 / 쓸 용	使 用	使命 (사명) / 使役 (사역) / 天使 (천사) / 特使 (특사)

● **주요 한자 결구**

 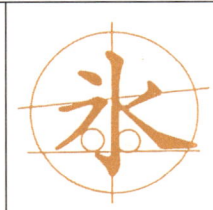 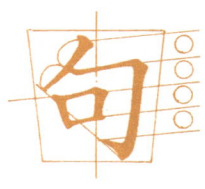  

40 기초 漢字 쓰기

삶의 지혜

무지의 진정한 특징은, 허영, 그리고 자만과 교만이다. -새뮤얼 버틀러-

一 丁 丏 写 写 写 事		丨 冂 曰 由 由	◆ 사유 : 일의 까닭. 연고. 연유.	
事	일 사	事	事	事件 (사건)
				事務 (사무)
由	말미암을 유	由	由	事實 (사실)
				事業 (사업)
一 十 土 井 寺 寺		丨 冂 冂 用 田	◆ 사전 : 절에 딸린 밭.	
寺	절 사	寺	寺	寺院 (사원)
				寺刹 (사찰)
田	밭 전	田	田	寺塔 (사탑)
				山寺 (산사)
一 厂 歹 歹 死 死		氵 氵 汇 汗 活 活 活	◆ 사활 : 죽느냐 사느냐의 갈림.	
死	죽을 사	死	死	死境 (사경)
				死力 (사력)
活	살 활	活	活	死別 (사별)
				死因 (사인)
丨 山 山		十 十 才 木 村 材 林	◆ 산림 : 산과 숲. 산에 있는 숲.	
山	메 산	山	山	高山 (고산)
				登山 (등산)
林	수풀 림	林	林	野山 (야산)
				下山 (하산)
丷 业 肯 背 背 背 散		一 ナ 才 在 在 在	◆ 산재 : 여기저기 흩어져 있음.	
散	흩을 산	散	散	散漫 (산만)
				散文 (산문)
在	있을 재	在	在	散發 (산발)
				散策 (산책)

● **주요 한자 결구**

삶의 지혜

바보는 방황하고, 현명한 사람은 여행을 떠난다. −풀러−

					◆ 살해 : 사람을 죽임. 남의 생명을 해침.	
殺	죽일 살	殺	殺			默殺 (묵살)
害	해칠 해	害	害			殺菌 (살균)
						殺伐 (살벌)
						殺蟲 (살충)
					◆ 삼척 : 석 자(길이).	
三	석 삼	三	三			三權 (삼권)
尺	자 척	尺	尺			三伏 (삼복)
						三杯 (삼배)
						再三 (재삼)
					◆ 상념 : 마음 속에 품은 여러 가지 생각.	
想	생각할 상	想	想			發想 (발상)
念	생각 념	念	念			思想 (사상)
						豫想 (예상)
						幻想 (환상)
					◆ 상무 : 무예를 중히 여겨 숭상함.	
尙	오히려 상	尙	尙			高尙 (고상)
武	호반 무	武	武			尙早 (상조)
						尙存 (상존)
						崇尙 (숭상)
					◆ 상식 : 보통 사람으로서 가져야 할 일반적인 지혜.	
常	항상 상	常	常			無常 (무상)
識	알 식	識	識			凡常 (범상)
						非常 (비상)
						異常 (이상)

● **주요 한자 결구**

 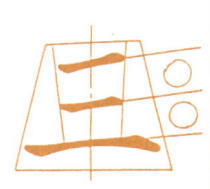   

 삶의 지혜
바쁜 사람은 눈물을 흘릴 시간이 없다.
―바이런―

				◆ 상주 : 주장이 되는 상제. 맏상제.	
一 亠 並 並 喪 喪 喪			` 亠 亠 宁 主		喪服 (상복)
喪	잃을 상	喪	喪		喪失 (상실)
主	주인 주	主	主		喪心 (상심)
					喪祭 (상제)
ノ 亻 亻 伤 伊 傷 傷			一 广 广 虍 虍 虎 處	◆ 상처 : 부상한 자리. 피해를 입은 흔적.	
傷	상할 상	傷	傷		凍傷 (동상)
處	곳 처	處	處		負傷 (부상)
					死傷 (사상)
					殺傷 (살상)
丷 严 严 严 严 賞 賞 賞			口 口 口 品 品 品	◆ 상품 : 상으로 주는 물품.	
賞	상줄 상	賞	賞		賞金 (상금)
品	품수 품	品	品		賞罰 (상벌)
					賞狀 (상장)
					賞牌 (상패)
ノ 亠 牛 生			亠 立 产 产 产 産 産	◆ 생산 : 자연물에 인력을 가해 재화를 만들어 내는 일.	
生	날 생	生	生		更生 (갱생)
産	낳을 산	産	産		苦生 (고생)
					同生 (동생)
					發生 (발생)
` 亠 广 广 序 序			言 訁 計 計 詩 詩 詩	◆ 서시 : 긴 시에서 머리말 구실을 하는 부분.	
序	차례 서	序	序		序頭 (서두)
詩	시 시	詩	詩		序論 (서론)
					序列 (서열)
					秩序 (질서)

● 주요 한자 결구

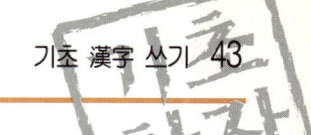

삶의 지혜

별을 따려고 손을 뻗는 사람은 자기 발밑의 꽃을 잊어버린다. -제레미 벤담-

한자	훈음			◆ 뜻풀이	단어
夕	저녁 석	ノクタ 夕	夕	◆ **석양** : 저녁때의 해. 석일. 낙양. 낙조.	夕刊 (석간) 朝夕 (조석)
陽	볕 양	阝阝阝阳陽陽陽 陽	陽		秋夕 (추석) 七夕 (칠석)
石	돌 석	一丆ア石石 石	石	◆ **석유** : 천연으로 생긴 지하의 타기 쉬운 기름 액체.	石器 (석기) 石佛 (석불)
油	기름 유	氵氵汀沖油油 油	油		石造 (석조) 石塔 (석탑)
選	가릴 선	己巳甲巽巽選選 選	選	◆ **선거** : 여럿 가운데서 적당한 사람을 대표로 뽑는 일.	選拔 (선발) 選手 (선수)
擧	들 거	𠂉𠂉𦥑𦥑𦥑𦥒舉擧 擧	擧		選定 (선정) 選出 (선출)
善	착할 선	丷丷兯羊羔善善 善	善	◆ **선악** : 착함과 악함. 선행과 악행.	善良 (선량) 善防 (선방)
惡	악할 악	一丌丙西亞惡惡 惡	惡		善意 (선의) 善行 (선행)
仙	신선 선	ノ亻亻仙仙 仙	仙	◆ **선약** : 효험이 썩 뛰어난 약. 선단(仙丹).	仙境 (선경) 仙女 (선녀)
藥	약 약	艹艹苎蕰藥藥藥 藥	藥		仙人 (선인) 神仙 (신선)

● **주요 한자 결구**

삶의 지혜
불가능은 소심한 자의 환상이요, 비겁한 사람의 도피처이다. -나폴레옹-

한자	훈음			◆ 풀이	단어
雪原	눈 설 / 근원 원	雪 原	雪 原	◆ 설원 : 눈이 쌓여 있는 벌판.	雪景 (설경) / 雪山 (설산) / 雪辱 (설욕) / 雪害 (설해)
姓氏	성씨 성 / 성씨 씨	姓 氏	姓 氏	◆ 성씨 : 성(姓)의 경칭.	同姓 (동성) / 百姓 (백성) / 複姓 (복성) / 姓別 (성별)
省察	살필 성 / 살필 찰	省 察	省 察	◆ 성찰 : 자기의 마음을 반성하여 살핌.	歸省 (귀성) / 反省 (반성) / 不省 (불성) / 自省 (자성)
世界	인간 세 / 지경 계	世 界	世 界	◆ 세계 : 지구 위의 모든 나라. 온 세상.	世代 (세대) / 世上 (세상) / 世態 (세태) / 世波 (세파)
洗練	씻을 세 / 익힐 련	洗 練	洗 練	◆ 세련 : 성품이나 취미가 고상하고 우아함.	洗腦 (세뇌) / 洗禮 (세례) / 洗面 (세면) / 洗手 (세수)

● 주요 한자 결구

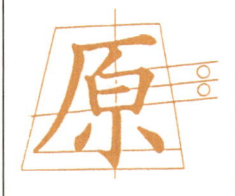    

기초 漢字 쓰기 **45**

삶의 지혜

사나이 뜻을 세워 집을 나가면 공을 이루지 않고서는 살아서 돌아오지 않으리. -매헌 윤봉길-

幺 糸 糸 紅 細 細 細	一 十 木 术 朴 柳 柳 柳	◆ **세류** : 가지가 가늘고 긴 버들. 세버들.	
細 가늘 세	細	細	明細 (명세)
柳 버들 류	柳	柳	微細 (미세)
			詳細 (상세)
			細工 (세공)

止 产 产 产 歲 歲	卄 甘 苦 莫 莫 暮 暮	◆ **세모** : 한 해의 마지막 때. 연말. 세밑.	
歲 해 세	歲	歲	歲拜 (세배)
暮 저물 모	暮	暮	歲月 (세월)
			年歲 (연세)
			萬歲 (만세)

一 十 主 圭 耒 素 素	一 十 才 木 朴 朴	◆ **소박** : 꾸밈이나 거짓이 없고 수수함.	
素 흴 소	素	素	儉素 (검소)
朴 순박할 박	朴	朴	酸素 (산소)
			要素 (요소)
			元素 (원소)

丿 小 小	一 了 子	◆ **소자** : 부모님이나 스승에게 자신을 낮추어 부르는 예스런 말.	
小 작을 소	小	小	小賣 (소매)
子 아들 자	子	子	小說 (소설)
			小食 (소식)
			小包 (소포)

氵 氵 氵 沙 消 消 消	一 圭 聿 書 書 盡 盡	◆ **소진** : 점점 줄어들어서 다 없어짐. 또는 없앰.	
消 끌 소	消	消	消極 (소극)
盡 다할 진	盡	盡	消滅 (소멸)
			消費 (소비)
			消息 (소식)

● **주요 한자 결구** ||||||||||||||||||||||||||||||

   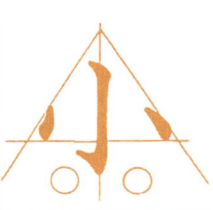 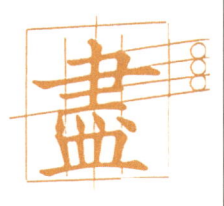

46 기초 漢字 쓰기

 中學900

삶의 지혜

사람은 삶이 두려워서 사회를 만들었고
죽음이 두려워서 종교를 만들었다. —스펜서—

俗 풍속 속	亻 亻' 亻'' 俗 俗 俗 俗　　言 言 訁 訁 訁 訁 談 談	◆ **속담**: 옛부터 민간에 전하여 오는 격언이나 잠언.
	俗　俗	俗物 (속물)
談 말씀 담	談　談	俗說 (속설)
		俗語 (속어)
		俗人 (속인)

速 빠를 속	一 亩 亩 束 束 涑 速　　亠 广 广 庐 庐 度 度	◆ **속도**: 빠른 정도. 빠르기.
	速　速	速攻 (속공)
度 법도 도	度　度	速達 (속달)
		速報 (속보)
		速成 (속성)

松 솔 송	一 十 才 木 木' 松 松　　一 十 才 木	◆ **송목**: 소나무. 소나무를 잘라 재료로 쓰기 위한 목재.
	松　松	松葉 (송엽)
木 나무 목	木　木	松竹 (송죽)
		松津 (송진)
		松蟲 (송충)

送 보낼 송	丷 丷 ¥ 쑞 쑞 送　　丨 ㅏ 屮 出 出	◆ **송출**: 사람·전파·정보 따위를 보내는 일.
	送　送	送金 (송금)
出 날 출	出　出	送年 (송년)
		送信 (송신)
		送電 (송전)

水 물 수	丨 기 水 水　　丷 广 产 首 首 渞 道	◆ **수도**: 수도물을 받아 쓸 수 있게 만든 시설, 상수도.
	水　水	水力 (수력)
道 길 도	道　道	水面 (수면)
		水上 (수상)
		水泳 (수상)

● **주요 한자 결구**

   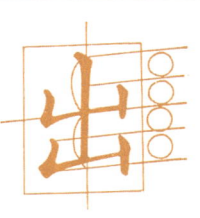 

기초 漢字 쓰기 **47**

삶의 지혜

사람이 진정 마음으로부터 사랑하는 것은 단 한번 밖에 없다. 그것이 첫 사랑이다. -라 브뤼예르-

士 志 圭 壽 壽 壽		丿 人 人 仐 合 合 命	◈ **수명** : 생물이 살아 있는 기간. 물품의 사용 기간.	
壽	목숨 수 / 壽	壽		壽宴 (수연)
				萬壽 (만수)
命	목숨 명 / 命	命		長壽 (장수)
				祝壽 (축수)
丷 丬 ㅗ 产 首 首 首		一 十 木 朴 机 相 相	◈ **수상** : 내각의 우두머리. 국무총리.	
首	머리 수 / 首	首		首肯 (수긍)
				首都 (수도)
相	서로 상 / 相	相		首席 (수석)
				部首 (부수)
扌 扩 扩 护 授 授		丿 ㇇ 爫 爫 ㅉ 孚 受	◈ **수수** : 물품을 주고 받음.	
授	줄 수 / 授	授		授賞 (수상)
				授業 (수업)
受	받을 수 / 受	受		授乳 (수유)
				敎授 (교수)
亻 亻 伫 攸 修 修		丷 䒑 芏 关 養 養 養	◈ **수양** : 자신의 품성과 지덕을 개발함.	
修	닦을 수 / 修	修		修交 (수교)
				修女 (수녀)
養	기를 양 / 養	養		修練 (수련)
				修業 (수업)
一 二 千 禾 禾 秀		一 十 才	◈ **수재** : 뛰어난 재주. 또는 그런 재주가 있는 사람.	
秀	빼어날 수 / 秀	秀		閨秀 (규수)
				秀麗 (수려)
才	재주 재 / 才	才		秀才 (수재)
				優秀 (우수)

● **주요 한자 결구** ||||||||||||||||||||||||||||||||||

48 기초 漢字 쓰기

삶 의 지혜

사랑을 하다가 사랑을 잃은 편이 한번도
사랑하지 않는 것보다 낫다. -테니슨-

宿所	잘 숙 / 바 소	宀宀宀宀宿宿宿 / 厂厂厂所所	◆ 숙소 : 머물러 묵는 곳. 머물러 자는 곳.	宿命 (숙명) 宿泊 (숙박) 宿食 (숙식) 宿題 (숙제)
純益	순수할 순 / 더할 익	纟纟纟紅紅純純 / 丷丷丷䒑益益益	◆ 순익 : 총이익에서 총비용을 제외한 순이익.	純潔 (순결) 純白 (순백) 純粹 (순수) 純情 (순정)
順從	순할 순 / 좇을 종	丿丿川川順順順 / 彳彳彳彳從從從	◆ 순종 : 순순히 복종함. 순하게 따름.	順理 (순리) 順番 (순번) 順序 (순서) 順次 (순차)
崇佛	높을 숭 / 부처 불	丷屮屮岁岁崇崇 / 丿亻亻伊佛佛	◆ 숭불 : 부처와 불교를 숭상함.	崇高 (숭고) 崇拜 (숭배) 崇尙 (숭상) 崇仰 (숭앙)
拾得	주울 습 / 얻을 득	扌扌扑扒拾拾拾 / 彳彳伊伊得得得	◆ 습득 : 주워서 얻음.	收拾 (수습) 得勢 (득세) 得失 (득실) 得意 (득의)

● **주요 한자 결구**

 **中學 900**

삶의 지혜

세상에서 가장 힘든 일은, 모든 사람이 생각하지 않고 말하는 것을, 생각하면서 말하는 것이다. -알랭-

필순	한자	쓰기	쓰기	뜻풀이	단어
二千千千乖乘乘	乘 탈 승	乘	乘	◆ **승강** : 배·기차·자동차 등을 타고 내림.	乘客 (승객) 乘馬 (승마)
ㄱ了阝阝阝降降降	降 내릴 강	降	降		乘船 (승선) 乘車 (승차)
ㄱ了了了了承承	承 이을 승	承	承	◆ **승복** : 납득하고 따름. 죄를 스스로 고백함.	承繼 (승계) 承諾 (승낙)
月月月肌服服服	服 옷 복	服	服		承認 (승인) 傳承 (전승)
月肝肝胖勝勝勝	勝 이길 승	勝	勝	◆ **승패** : 이김과 짐.승부. 성공과 실패.	勝利 (승리) 勝負 (승부)
冂日目貝貝敗敗	敗 패할 패	敗	敗		勝算 (승산) 勝者 (승자)
日日日時時時	時 때 시	時	時	◆ **시간** : 어떤 시각과 시각과의 사이.	時計 (시계) 時期 (시기)
ㅣㄱ门門門問間	間 사이 간	間	間		時代 (시대) 時限 (시한)
冂日旦早早昰是	是 이 시	是	是	◆ **시비** : 잘잘못. 옳음과 그름. 말다툼.	是認 (시인) 是正 (시정)
ㅣㄱㅋ킈非非非	非 아닐 비	非	非		亦是 (역시) 或是 (혹시)

● **주요 한자 결구**

50 기초 漢字 쓰기

 **삶의 지혜**
소인은 특별한 것에 관심이 있고, 위인은 평범한 것에 관심이 있다. -허버트-

示 和 和 祖 祖 視 視	耳 取 耵 聍 聍 聽 聽	◈ **시청** : 눈으로 보고 귀로 들음. 시청각.	
視 볼시	視	視		視界 (시계)
聽 들을청	聽	聽		視力 (시력)
				視線 (시선)
				視野 (시야)

木 村 村 柏 梢 植 植	木 木 村 村 桔 樹 樹	◈ **식수** : 나무를 심음. 식목(植木).	
植 심을식	植	植		植木 (식목)
樹 나무수	樹	樹		植民 (식민)
				植字 (식자)
				移植 (이식)

千 禾 禾 和 袖 神	耳 耵 取 聖 聖 聖	◈ **신성** : 신과 같이 성스러움.	
神 귀신신	神	神		鬼神 (귀신)
聖 신성성	聖	聖		失神 (실신)
				女神 (여신)
				精神 (정신)

' ń ń 自 自 身 身	口 骨 骨 骨 體 體 體 體	◈ **신체** : 사람의 몸. 사람의 육체.	
身 몸신	身	身		當身 (당신)
體 몸체	體	體		代身 (대신)
				亡身 (망신)
				文身 (문신)

' 亠 立 立 立 辛 辛	7 刀 刃 丑	◈ **신축** : 육십갑자의 서른 여덟째.	
辛 매울신	辛	辛		辛苦 (신고)
丑 소축	丑	丑		辛辣 (신랄)
				千辛 (천신)
				香辛 (향신)

● **주요 한자 결구**

기초 漢字 쓰기

삶의 지혜

술은 강하다. 왕은 더 강하다. 여자는 한층 더 강하다.
그러나 진리는 이보다도 한층 더 강하다. -마르틴 루터-

ノ ヒ ヒ 失 失		* * 竹 竹 竺 竿 笑	◆ **실소** : 자기도 모르게 나오는 웃음.		
失	잃을 실 失	失			過失 (과실)
					得失 (득실)
笑	웃음 소 笑	笑			凡失 (범실)
					紛失 (분실)
宀 宁 宁 宵 宵 實 實		一 方 方 方 扩 施 施	◆ **실시** : 실제로 시행함. 실행.		
實	열매 실 實	實			實感 (실감)
					實技 (실기)
施	베풀 시 施	施			實務 (실무)
					實績 (실적)
氵 氵 氵 沪 浮 深 深		氵 氵 泮 浅 浅 淺 淺	◆ **심천** : 물의 수심 따위의 깊음과 얕음.		
深	깊을 심 深	深			深刻 (심각)
					深山 (심산)
淺	얕을 천 淺	淺			深夜 (심야)
					深化 (심화)
一 十		ノ ノ 儿 兆 兆 兆	◆ **십조** : 일조(一兆)의 열배.		
十	열 십 十	十			十戒 (십계)
					十代 (십대)
兆	억조 조 兆	兆			十字 (십자)
					十指 (십지)
ノ ヒ ㄒ 白 白 兒		立 产 咅 咅 音 童 童	◆ **아동** : 어린아이. 어린이. 초등학생 나이의 아동.		
兒	아이 아 兒	兒			健兒 (건아)
					孤兒 (고아)
童	아이 동 童	童			迷兒 (미아)
					育兒 (육아)

● **주요 한자 결구**

   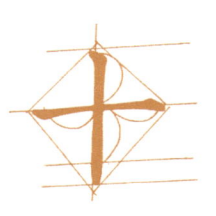 

52 기초 漢字 쓰기

삶의 지혜

습관은 제2의 천성으로 제1의 천성을 파괴한다. -블레즈 파스칼-

丶丶宀宀灾安安	´白帛帛樂樂樂	◆ 안락 : 매우 편안하고 즐거움. 괴로움이 없음.	
安 편안안	安	安	問安 (문안)
			未安 (미안)
樂 즐거울락	樂	樂	保安 (보안)
			不安 (불안)
日日`日^日*暗暗暗	一二Ｔ亓示	◆ 암시 : 넌지시 깨우쳐 줌. 또는 그 내용.	
暗 어두울암	暗	暗	暗記 (암기)
			暗算 (암산)
示 보일시	示	示	暗誦 (암송)
			暗票 (암표)
屵屵產嚴嚴嚴嚴	´白白自身泉泉	◆ 암천 : 바위틈에서 솟아나는 샘.(巖 = 岩)	
巖 바위암	巖	巖	巖盤 (암반)
			巖壁 (암벽)
泉 샘천	泉	泉	巖山 (암산)
			巖石 (암석)
日旦甲里野野野	一Ｔ王玎玎球球	◆ 야구 : 미국에서 발달한 9인조 옥외의 경기.	
野 들야	野	野	野景 (야경)
			野談 (야담)
球 구슬구	球	球	野望 (야망)
			野俗 (야속)
一ｒ币雨雨雨雨	Ｉ冂冋冋國國國國	◆ 양국 : 두 나라. 두 당사국.	
兩 둘양	兩	兩	兩端 (양단)
			兩面 (양면)
國 나라국	國	國	兩班 (양반)
			兩親 (양친)

● **주요 한자 결구**

 **삶의 지혜**

시종일관하는 자는 운명을 믿고, 변덕 부리는 자는 요행을 믿는다. -디즈레일리-

				◈ 양궁 : 서양식 활을 쏘아 표적을 맞추어 점수는 내는 경기.	
洋	큰바다양	氵氵氵氵洋洋洋 洋	洋		洋服 (양복)
弓	활궁	ㄱㄱ弓 弓	弓		洋式 (양식)
					洋食 (양식)
					洋屋 (양옥)
				◈ 양모 : 양의 털. 양털.	
羊	양양	ヽ ″ ″ 兰 羊 羊	羊		牧羊 (목양)
毛	털모	ノ 二 三 毛 毛	毛		羊皮 (양피)
					羊乳 (양유)
					羊腸 (양장)
				◈ 양처 : 착하고 어진 아내. 현숙한 아내.	
良	어질양	ˋ ㄱ ㅋ ㅋ 包 良 良	良		良家 (양가)
妻	아내처	一 ㄱ ㄹ 킈 聿 妻 妻 妻	妻		良民 (양민)
					良心 (양심)
					良好 (양호)
				◈ 어미 : 용언의 어간 뒤에서 활용되는 끝자.	
語	말씀어	言 言 訁 訁 語 語 語	語		國語 (국어)
尾	꼬리미	ㄱ ㄱ 尸 尸 尸 尾 尾	尾		單語 (단어)
					密語 (밀어)
					熟語 (숙어)
				◈ 어선 : 고기잡이를 하는 배.	
漁	고기잡을어	氵氵氵渔渔漁漁	漁		漁民 (어민)
船	배선	月 月 舟 舟 舟 船 船 船	船		漁夫 (어부)
					漁場 (어장)
					漁村 (어촌)

● **주요 한자 결구**

54 기초 漢字 쓰기

 삶의 지혜
신이 도처에 가 있을 수 없기 때문에
어머니들을 만들었다. -유태 격언-

				◆ 엄밀 : 엄중하고 세밀함.	
嚴	엄할 엄	嚴	嚴		嚴格 (엄격)
密	빽빽할 밀	密	密		嚴罰 (엄벌)
					嚴守 (엄수)
					儼然 (엄연)
				◆ 여수 : 객지에서 느끼는 쓸쓸한 마음.	
旅	나그네 려	旅	旅		旅館 (여관)
愁	근심 수	愁	愁		旅券 (여권)
					旅程 (여정)
					旅行 (여행)
				◆ 여의 : '여의도(汝矣島)'의 줄임말.	
汝	너 여	汝	汝		汝等 (여등)
矣	어조사 의	矣	矣		汝輩 (여배)
				◆ 여향 : 물건 따위가 없어진 뒤에도 남는 향취.	
餘	남을 여	餘	餘		餘暇 (여가)
香	향기 향	香	香		餘談 (여담)
					餘分 (여분)
					餘生 (여생)
				◆ 역사 : 인류 사회의 흥망과 변천의 과정.	
歷	지낼 력	歷	歷		歷代 (역대)
史	사기 사	史	史		歷任 (역임)
					歷程 (역정)
					履歷 (이력)

● 주요 한자 결구

 **삶의 지혜**
양심은 어떠한 과학의 힘보다도 강하고 현명하다. -라데이러-

逆 거스릴 역 耳 귀 이	〻〻〻〻〻〻逆 逆 耳	逆 耳		◆ 역이 : 귀에 거슬림.	逆境 (역경) 逆流 (역류) 逆謀 (역모) 逆順 (역순)
硏 갈 연 究 궁구할구	石石石石研研研 硏 究	硏 究	丶丶宀宀宀究	◆ 연구 : 일·사물 따위를 조사하고 생각하여 진리를 알아냄.	硏磨 (연마) 硏修 (연수) 窮究 (궁구) 探究 (탐구)
連 이을 연 續 이을 속	一百百車車連連 連 續	連 續	糸紵紵繪繪續	◆ 연속 : 끊이지 않고 죽 이어 지속함.	連結 (연결) 連累 (연루) 連勝 (연승) 連休 (연휴)
烈 매울 렬 夫 지아비부	厂歹列列烈烈 烈 夫	烈 夫	一二夫夫	◆ 열부 : 절개가 굳은 남자.	烈女 (열녀) 烈婦 (열부) 烈士 (열사) 烈火 (열화)
熱 더울 열 愛 사랑애	土耂孝刲執熱熱 熱 愛	熱 愛	爫爫爫愛愛愛愛	◆ 열애 : 열렬히 사랑함. 또는 그 사랑.	熱狂 (열광) 熱帶 (열대) 熱烈 (열렬) 熱望 (열망)

● **주요 한자 결구**

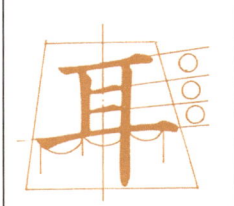    

삶의 지혜

어떤 사람은 슬픔을 딛고 일어서고, 어떤 사람은 슬픔에 아예 깔려 버린다. ―랠프 월도 에머슨―

領	거느릴 령	領	領	◆ **영수** : 돈이나 물품을 받아들임, 영수증.	領空 (영공) 領導 (영도)
收	거둘 수	收	收		領域 (영역) 領土 (영토)
英	꽃부리 영	英	英	◆ **영웅** : 지력·담력·무용·재능 등에 뛰어나 큰일할 사람.	英文 (영문) 英敏 (영민)
雄	수컷 웅	雄	雄		英語 (영어) 英才 (영재)
永	길 영	永	永	◆ **영원** : 시간을 초월하고 존재하여 끝이 없음.	永久 (영구) 永生 (영생)
遠	먼 원	遠	遠		永有 (영유) 永住 (영주)
榮	영화 영	榮	榮	◆ **영화** : 귀히 되어 몸이 세상에 드러나고 이름이 빛남.	榮光 (영광) 榮譽 (영예)
華	빛날 화	華	華		榮辱 (영욕) 榮轉 (영전)
禮	예도 례	禮	禮	◆ **예의** : 사람이 행하여야 할 올바른 예와 도.	禮物 (예물) 禮服 (예복)
義	옳을 의	義	義		禮式 (예식) 禮節 (예절)

● **주요 한자 결구**

기초 漢字 쓰기 57

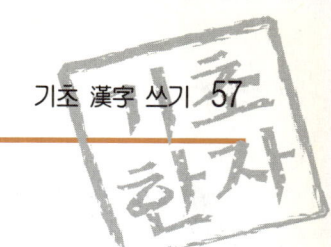

 삶의 지혜
언론의 자유를 죽이는 것은 진리를
죽이는 것이다. -밀턴-

五穀	다섯오	五	五	一 丁 五 五	◆ 오곡 : 쌀·보리·콩·조·기장의 다섯 가지 곡식.	五輪 (오륜)
	곡식곡	穀	穀	十 士 壴 壴 彀 穀 穀		五里 (오리)
						五行 (오행)
						五萬 (오만)
烏飛	까마귀오	烏	烏	ノ 亻 厂 白 烏 烏 烏	◆ 오비 : 까마귀가 날음. 오비이락(烏飛梨落)	飛上 (비상)
	날비	飛	飛	㇀ ㇀ ㇀ ㇀ 飛 飛 飛		飛躍 (비약)
						飛行 (비행)
						飛虎 (비호)
誤判	그릇오	誤	誤	言 言 訁 訁 訣 誤 誤	◆ 오판 : 그릇된 판단. 틀린 심판.	誤謬 (오류)
	판단할판	判	判	ノ 八 스 半 判 判		誤算 (오산)
						誤認 (오인)
						誤差 (오차)
午後	낮오	午	午	ノ 一 ニ 午	◆ 오후 : 정오부터 밤 12시까지.	午睡 (오수)
	뒤후	後	後	彳 彳 彳 伫 伫 後 後		午前 (오전)
						端午 (단오)
						正午 (정오)
屋上	집옥	屋	屋	一 フ 尸 尸 屖 屋 屋	◆ 옥상 : 현대식 건물 위에 마당처럼 만든 지붕 위.	家屋 (가옥)
	윗상	上	上	丨 卜 上		社屋 (사옥)
						洋屋 (양옥)
						草屋 (초옥)

● **주요 한자 결구**

삶의 지혜

여자란 눈물을 흘리는 남자 앞에서는
냉정을 유지하기가 어렵다. -S. D. 코렛-

氵氵汒汒汒溫溫		` ソ 丫 冫 泠 冷		◆ 온랭 : 따뜻함과 차가움. 온대와 냉대.	
溫	따뜻할 온	溫	溫		溫氣 (온기)
					溫暖 (온난)
冷	찰 랭	冷	冷		溫度 (온도)
					溫泉 (온천)
` 宀 宀 宀 宀 完		ノ 入 △ 全 全 全		◆ 완전 : 부족함이 없음. 결점이 없음.	
完	완전할 완	完	完		完納 (완납)
					完璧 (완벽)
全	온전할 전	全	全		完備 (완비)
					完成 (완성)
一 二 千 王		土 圤 圻 圻 城 城 城		◆ 왕성 : 왕도(王都). 왕궁이 있는 도시.	
王	임금 왕	王	王		王冠 (왕관)
					王陵 (왕릉)
城	재 성	城	城		王妃 (왕비)
					王朝 (왕조)
ノ ク タ 外 外		亻 亻 亻 信 信 信 信		◆ 외신 : 외국으로부터 들어온 소식. 해외 통신.	
外	밖 외	外	外		外家 (외가)
					外勤 (외근)
信	믿을 신	信	信		外貌 (외모)
					外泊 (외박)
一 十 西 西 要 要 要		言 言 言 訁 訁 請 請 請		◆ 요청 : 요긴하게 청함. 또는 그런 부탁.	
要	중요할 요	要	要		要件 (요건)
					要求 (요구)
請	청할 청	請	請		要領 (요령)
					要點 (요점)

● **주요 한자 결구**

기초 漢字 쓰기 59

中學 900

삶의 지혜
여행과 변화를 사랑하는 사람은 생명이 있는 사람이다. -바그너-

浴室	목욕할 욕 / 집 실	氵汁沁浴浴浴 / 宀宂宰宰室室室		◆ 욕실: '목욕실(沐浴室)'의 준말. 浴槽 (욕조) 浴湯 (욕탕) 沐浴 (목욕) 水浴 (수욕)
勇敢	날랠 용 / 구태여 감	予孕甬甬勇勇 / 工干千百耳敢		◆ 용감: 용기가 있어 태도가 씩씩하고 기운참. 勇猛 (용맹) 勇士 (용사) 勇將 (용장) 勇退 (용퇴)
容量	얼굴 용 / 헤아릴 량	宀宂宂宍容容 / 日旦早昌昌量量量		◆ 용량: 용기 안에 들어갈 수 있는 분량. 容共 (용공) 容器 (용기) 容量 (용량) 容易 (용역)
牛舍	소 우 / 집 사	丿二牛 / 人厶亼仐佘佘舍舍		◆ 우사: 소를 기르는 곳. 외양간. 牛馬 (우마) 牛乳 (우유) 牛耳 (유이) 黃牛 (황우)
于先	어조사 우 / 먼저 선	二于 / 丿⺊牛生先先		◆ 우선: 먼저. 아쉬운 대로. 그럭저럭. 于今 (우금) 先頭 (선두) 先發 (선발) 先取 (선취)

● 주요 한자 결구

삶의 지혜
연애과정에서 방해가 더 열렬한 연정의 동기가 된다. -셰익스피어-

◆ 우주 : 모든 천체를 포함하는 전 공간.

| 宇 | 집 우 | 宇 | 宇 | | 宇內 (우내) |
| 宙 | 집 주 | 宙 | 宙 | | |

` ㆍ ㆍ ㆍ ㆍ 宀 宇` ` ㆍ ㆍ ㆍ 宀 宀 宙 宙`

◆ 운동 : 몸을 단련하거나 건강을 위해 몸을 움직이는 일.

運	움질일 운	運	運		運命 (운명)
動	움직일 동	動	動		運搬 (운반)
					運河 (운하)
					運航 (운항)

`一 ㄇ 冎 盲 宣 軍 渾 運` `一 ㄣ ㆍ 盲 重 重 動 動`

◆ 운우 : 구름과 비. 남녀간의 어울림.

雲	구름 운	雲	雲		雲霧 (운무)
雨	비 우	雨	雨		雲峰 (운봉)
					雲集 (운집)
					靑雲 (청운)

`ㆍ 宀 ㆍ 雪 雲 雲 雲` `一 ㄒ 币 币 雨 雨 雨`

◆ 원무 : 여럿이 둥그렇게 둘러서서 추는 춤.

圓	둥글 원	圓	圓		圓滿 (원만)
舞	춤출 무	舞	舞		圓點 (원점)
					圓周 (원주)
					圓形 (원형)

`ㄇ 冂 同 同 間 圓 圓` `ㅡ 無 無 舞 舞 舞 舞`

◆ 원예 : 화훼ㆍ채소ㆍ과수ㆍ정원수 등의 재배 기술.

園	동산 원	園	園		公園 (공원)
藝	재주 예	藝	藝		樂園 (낙원)
					田園 (전원)
					花園 (화원)

`ㄇ 冂 同 冋 園 園 園` `艹 艹 艹 埶 埶 藝 藝`

● 주요 한자 결구

   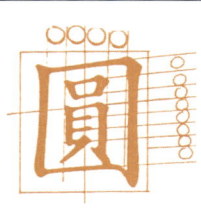 

기초 漢字 쓰기 61

中學 900

삶의 지혜
연애는 결혼의 새벽, 결혼은 연애의 황혼이다. -드 뻬노-

一 二 テ 元		二 テ ネ ネ 禾 祠 祠 祖		◆ **원조** : 첫 대의 조상. 어떤 일을 처음 시작한 사람.	
元	으뜸 원	元	元	紀元 (기원)	
祖	할아비 조	祖	祖	單元 (단원)	
				身元 (신원)	
				還元 (환원)	
ク タ ダ 夘 怨 怨 怨		ㅏ ㅏ忄 忄 忄 忄 恨 恨 恨		◆ **원한** : 원통하고 억울한 일로 마음속 깊이 맺힌 마음.	
怨	원망할 원	怨	怨	宿怨 (숙원)	
恨	원한 한	恨	恨	怨望 (원망)	
				怨聲 (원성)	
				怨讐 (원수)	
亻 亻' 亻'' 俨 偉 偉 偉		一 ナ 大		◆ **위대** : 능력이나 업적 등이 뛰어나고 훌륭함.	
偉	위대할 위	偉	偉	偉功 (위공)	
大	큰 대	大	大	偉業 (위업)	
				偉容 (위용)	
				偉人 (위인)	
ノ 厂 厅 反 戚 威 威		土 夫 坴 刲 執 執 勢 勢		◆ **위세** : 맹렬한 기세. 사람을 두렵게 하여 복종시키는 힘.	
威	위엄 위	威	威	威力 (위력)	
勢	세력 세	勢	勢	威信 (위신)	
				威風 (위풍)	
				威脅 (위협)	
´ ⺈ 爫 爫 严 爲 爲		乚 乂 女 如 如 始 始		◆ **위시** : 어떤 대상을 첫째 또는 대표로 삼아 시작함.	
爲	할 위	爲	爲	始務 (시무)	
始	비로소 시	始	始	始發 (시발)	
				始終 (시종)	
				始初 (시초)	

● **주요 한자 결구**

기초 漢字 쓰기

 **삶의 지혜**
열의없이 성취된 위업이란 아직 세상에 하나도 없다. -애머슨-

遺物	口虫虫青青青貴貴遺遺　／牛牛牛物物物	끼칠 유 / 만물 물	遺 物	遺 物	◆ 유물 : 유적지 등에서 출토·발견된 오래된 물건.	遺憾 (유감) 遺稿 (유고) 遺物 (유물) 遺言 (유언)	
流星	氵氵氵沪沪流　／口日日旦早星	흐를 류 / 별 성	流 星	流 星	◆ 유성 : 긴 꼬리에 빛을 발하며 빠르게 지는 별.	流動 (유동) 流水 (유수) 流域 (유역) 流通 (유통)	
有限	一ナ才有有有　阝阝阝阴阴限限	있을 유 / 한정 한	有 限	有 限	◆ 유한 : 한도나 한계가 있음.	有能 (유능) 有望 (유망) 有名 (유명) 有用 (유용)	
遊休	亠方方方斿斿游遊　／亻亻仁什休休	놀 유 / 쉴 휴	遊 休	遊 休	◆ 유휴 : 땅이나 자원 등을 쓰지 아니하고 놀림.	遊樂 (유락) 遊覽 (유람) 遊牧 (유목) 遊興 (유흥)	
陸軍	阝阝阝陆陆陸陸陸　冖冖冃冃冒宣軍	뭍 륙 / 군사 군	陸 軍	陸 軍	◆ 육군 : 지상에서의 전투를 임무로 하는 군대.	陸橋 (육교) 陸路 (육로) 陸上 (육상) 陸地 (육지)	

● 주요 한자 결구

삶의 지혜
영예의 정상은 미끄러운 곳이다.
－미첼－

				◈ 육하 : 여섯가지의 기본 수하. 육하원칙.
六	여섯 륙	六	六	六感 (육감)
				六甲 (육갑)
何	어찌 하	何	何	六味 (육미)
				六旬 (육순)
				◈ 율령 : 법률의 총칭으로 곧, 형률과 법률을 말함.
律	법률 률	律	律	規律 (규율)
				旋律 (선율)
令	명령할 령	令	令	韻律 (운율)
				自律 (자율)
				◈ 은행 : 예금을 맡고 대출 등을 업무로 하는 금융 기관.
銀	은 은	銀	銀	銀塊 (은괴)
				銀幕 (은막)
行	다닐 행	行	行	銀盤 (은반)
				銀河 (은하)
				◈ 은혜 : 고맙게 베풀어 주는 혜택.
恩	은혜 은	恩	恩	恩功 (은공)
				恩德 (은덕)
惠	은혜 혜	惠	惠	恩師 (은사)
				恩人 (은인)
				◈ 을사 : 육십갑자의 마흔 두번째. 을사조약.
乙	새 을	乙	乙	乙酉 (을유)
				乙丑 (을축)
巳	뱀 사	巳	巳	乙亥 (을해)
				乙種 (을종)

● 주요 한자 결구

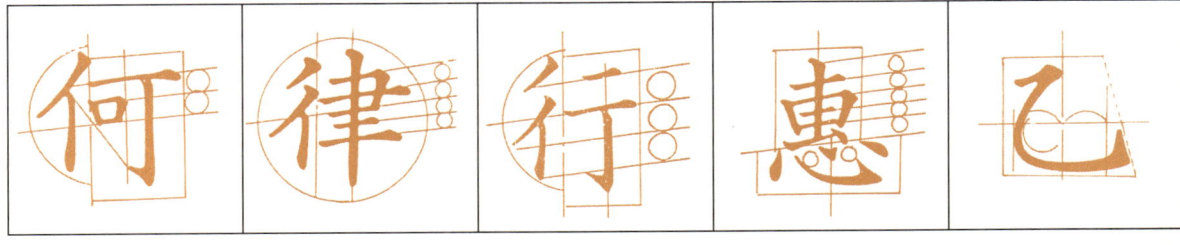

64 기초 漢字 쓰기

삶의 지혜

왔노라, 보았노라, 이겼노라.
-율리어스 카이사르-

吟味	을을 음 / 맛 미	吟 味	吟 味	｀丨口卩吟吟吟 口卩吖吖味味	◈ **음미** : 사물의 내용이나 속뜻을 깊이 새기어 맛 봄.	呻吟 (신음) 吟誦 (음송) 吟詠 (음영) 吟風 (음풍)
音聲	소리 음 / 소리 성	音 聲	音 聲	亠立产音音音 声殸殸殸聲聲	◈ **음성** : 목소리. 말소리.	音階 (음계) 音律 (음율) 音盤 (음반) 音樂 (음악)
邑里	고을 읍 / 마을 리	邑 里	邑 里	丨口口吊吊邑 丨口曰旦甲里	◈ **읍리** : 시골의 읍과 리(里).	邑民 (읍민) 邑長 (읍장) 邑村 (읍촌) 都邑 (도읍)
意思	뜻 의 / 생각할 사	意 思	意 思	亠立音音意意 口曰田田思思	◈ **의사** : 마음 속으로 먹은 생각. 자기의 뜻.	意見 (의견) 意圖 (의도) 意味 (의미) 意外 (의외)
醫師	의원 의 / 스승 사	醫 師	醫 師	医医殹殹醫醫醫 ｀丨个自自師師	◈ **의사** : 의술로 병을 고치는 것을 업으로 하는 사람.	醫科 (의과) 醫術 (의술) 醫藥 (의약) 醫院 (의원)

● **주요 한자 결구**

삶의 지혜
용기가 없는 사람에게는 어떤 좋은 기회도 생기지 않는다. -마르쿠스 아우렐리우스-

				◆ 의지 : 다른 것에 몸을 기댐. 남에게 지탱함.	
依	의지할 의	依	依		依賴 (의뢰)
					依然 (의뢰)
支	지탱할 지	支	支		依存 (의존)
					依託 (의탁)
				◆ 이배 : 두 번의 절. 절을 두번 하는 것.	
二	두 이	二	二		二毛 (이모)
					二心 (이심)
拜	절 배	拜	拜		二重 (이중)
					二項 (이항)
				◆ 이양 : 어떤 권리나 사물을 남에게 넘겨줌.	
移	옮길 이	移	移		移動 (이동)
					移民 (이민)
讓	사양할 양	讓	讓		移徙 (이사)
					移轉 (이전)
				◆ 이왕 : '이왕에'의 준말. 기왕.	
已	이미 이	已	已		已久 (이구)
					往年 (왕년)
往	갈 왕	往	往		往復 (왕복)
					往診 (왕진)
				◆ 이화 : 자두나무의 꽃.	
李	오얏 이	李	李		李君 (이군)
					李氏 (이씨)
花	꽃 화	花	花		李朝 (이조)
					李兄 (이형)

● **주요 한자 결구**

66 기초 漢字 쓰기

 **삶의 지혜**

우리는 전투(戰鬪)에는 졌지만,
전쟁(戰爭)에는 아직 지지 아니했다. -드골-

以前	써 이 / 앞 전	以 前	以 前	◆ 이전 : 이제보다 전. 옛날. 지금보다 전. 以南 (이남) 以內 (이내) 以來 (이래) 以外 (이외)
引揚	끌 인 / 나타낼 양	引 揚	引 揚	◆ 인양 : 끌어서 높은 데로 옮김. 引導 (인도) 引上 (인상) 引用 (인용) 引出 (인출)
日氣	날 일 / 기운 기	日 氣	日 氣	◆ 일기 : 날씨. 그날의 기상 상태. 日課 (일과) 日記 (일기) 日常 (일상) 日程 (일정)
壬申	천간 임 / 납 신	壬 申	壬 申	◆ 임신 : 육십갑자의 아홉째. 壬戌 (임술) 壬午 (임오) 壬子 (임자) 壬辰 (임진)
入試	들 입 / 시험할 시	入 試	入 試	◆ 입시 : '입학시험'의 준말. 入庫 (입고) 入隊 (입대) 入社 (입사) 入住 (입주)

● **주요 한자 결구**

  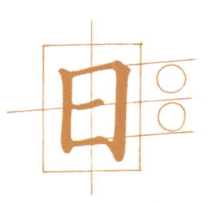  

기초 漢字 쓰기 67

삶의 지혜

우리의 육체는 우리의 정원이며, 우리의 의지는 이 정원의 정원사이다. -윌리엄 셰익스피어-

ノ 亻 疒 甪 自 自　　 フ コ 己				◆ 자기 : 그 사람 자신. 어떤 이를 일러 가리키는 말.	
自己	스스로 자 / 몸 기	自 己	自 己		自覺 (자각) 自動 (자동) 自滿 (자만) 自習 (자습)
く 丬 爻 女 妒 姉　　く 丬 爻 女 妒 姉 妹				◆ 자매 : 여자끼리의 동기. 손위와 손아래 누이.	
姉妹	맏누이 자 / 누이 매	姉 妹	姉 妹		姉兄 (자형) 男妹 (남매) 妹弟 (매제) 妹兄 (매형)
一 丆 F 트 트 長 長　　く 丬 女				◆ 장녀 : 맏딸. 맨 먼저 낳은 딸.큰딸.	
長女	길 장 / 계집 녀	長 女	長 女		長官 (장관) 長技 (장기) 長短 (장단) 長身 (장신)
丨 丬 爿 爿 壯 壯　　一 十 士				◆ 장사 : 기개와 체질이 썩 굳센 사람. 씨름장사.	
壯士	씩씩할 장 / 선비 사	壯 士	壯 士		壯觀 (장관) 壯談 (장담) 壯元 (장원) 壯快 (장쾌)
丨 丬 爿 爿 將 將 將　　一 冫 冫 次 次 次				◆ 장차 : 앞으로. 미래에.	
將次	장차 장 / 버금 차	將 次	將 次		將官 (장관) 將星 (장성) 將來 (장래) 將卒 (장졸)

● **주요 한자 결구**

  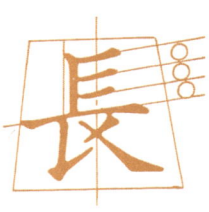  

68 기초 漢字 쓰기

삶의 지혜
우리의 인내가 우리의 힘보다 더 많은 것을 성취할 것이다. -버크-

한자	훈음			◆ 뜻풀이	단어
材	재목 재	一十才才材材		◆ 재료 : 물건을 만드는 데 드는 원료.	敎材 (교재) / 木材 (목재)
料	헤아릴 료	丷丷丬米米米料料			素材 (소재) / 資材 (자재)
財	재물 재	丨冂目貝貝貝財財		◆ 재무 : 재정에 관한 사무.	財物 (재물) / 財産 (재산)
務	힘쓸 무	亇予矛矛矛務務			財政 (재정) / 財貨 (재화)
再	두 재	一丆冂冂再再		◆ 재현 : 두 번째로 나타남. 다시 나타남.	再開 (재개) / 再考 (재고)
現	나타날 현	王珇珇珇珇現現			再修 (재수) / 再婚 (재혼)
貯	쌓을 저	丨冂目貝貯貯貯		◆ 저금 : 돈을 금융 기관이나 우체국에 저축함.	貯水 (저수) / 貯藏 (저장)
金	쇠 금	人人今全全金金			貯蓄 (저축) / 金額 (금액)
赤	붉을 적	一十土 亠 亣 赤 赤		◆ 적자 : 지출이 수입을 초과하여 결손이 나는 일.	赤道 (적도) / 赤色 (적색)
字	글자 자	丶宀宀宀宁字			赤筆 (적필) / 赤化 (적화)

● 주요 한자 결구

  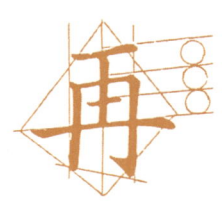  

기초 漢字 쓰기 **69**

삶의 지혜

위대한 사람은 목적을, 소인들은 공상을 가지고 있다. −와싱턴 어빙−

| 適 맞을적 合 합할합 | 亠亠产产商商商滴滴 / 八人人合合合 適 合 | 適 合 | | ◆ **적합** : 알맞게 들어맞음. 어떤 일에 적당함. 適格 (적격) 適當 (적당) 適性 (적성) 適應 (적응) |

| 電 번개전 燈 등잔등 | 一一一一雷雷雷雷電 火 灯 灯 灯 熔 熔 燈 電 燈 | 電 燈 | | ◆ **전등** : 전기를 이용한 등불. 電球 (전구) 電氣 (전기) 電送 (전송) 電話 (전화) |

| 傳 전할전 說 말씀설 | 亻 亻 亻 亻 俥 俥 傳 傳 言 言 言 訁 評 詋 說 說 傳 說 | 傳 說 | | ◆ **전설** : 예로부터 구전으로 전해져 내려오는 이야기. 傳記 (전기) 傳達 (전달) 傳聞 (전문) 傳統 (전통) |

| 定 정할정 價 값가 | 丶 宀 宁 宇 宇 定 定 亻 亻 价 价 價 價 價 定 價 | 定 價 | | ◆ **정가** : 상품 등에 일정하게 매긴 값. 肯定 (긍정) 否定 (부정) 選定 (선정) 認定 (인정) |

| 丁 고무래정 卯 토끼묘 | 一丁 ' ㄣ 白 卯 卯 丁 卯 | 丁 卯 | | ◆ **정묘** : 육십갑자의 넷째. 白丁 (백정) 兵丁 (병정) 壯丁 (장정) 丁寧 (정녕) |

● **주요 한자 결구**

기초 漢字 쓰기

삶의 지혜
위험에 대한 공포는 위험 그 자체보다 천 배나 무섭다. -디포-

精誠	정할 정 / 정성 성	精 / 誠	◆ 정성 : 진실되고 성실한 마음.	精巧 (정교) / 精密 (정밀) / 精選 (정선) / 精神 (정신)
貞淑	곧을 정 / 맑을 숙	貞 / 淑	◆ 정숙 : 여자의 행실이 곧고 마음씨가 맑음.	貞潔 (정결) / 貞烈 (정렬) / 貞節 (정절) / 貞操 (정조)
情欲	뜻 정 / 하고자할 욕	情 / 欲	◆ 정욕 : 마음에 이는 여러 욕구나 집착.	情談 (정담) / 情報 (정보) / 情勢 (정세) / 情況 (정황)
停車	머무를 정 / 차량 차	停 / 車	◆ 정차 : 가던 차가 머물음. 또는 잠시 머물게 함.	停年 (정년) / 停電 (정전) / 停止 (정지) / 停會 (정회)
政治	정사 정 / 다스릴 치	政 / 治	◆ 정치 : 주권자가 나라를 다스리는 일.	政界 (정계) / 政權 (정권) / 政府 (정부) / 政策 (정책)

●  주요 한자 결구

기초 漢字 쓰기 71

삶의 지혜

은혜를 입은 자는 잊지 말아야 하고, 베푼자는 기억하지 말아야 한다. -피체 찰론-

第一	차례 제 / 한 일	第 一	第 一	ᅩᅩᅩᅩ 笁 笁 第 第 第　一	◆ 제일 : 여럿 가운데 첫째가는 것.

及第 (급제)
落第 (낙제)
一時 (일시)
一項 (일항)

製作	지을 제 / 지을 작	製 作	製 作	制制制制製製製　ノイイ𠂉竹作作	◆ 제작 : 재료나 자료를 가지고 물건이나 프로그램을 만듦.

製菓 (제과)
製造 (제조)
製品 (제품)
製靴 (제화)

朝鮮	아침 조 / 고울 선	朝 鮮	朝 鮮	古古古卓朝朝朝　ク各奐魚魚̛鮮鮮	◆ 조선 : 우리나라 '근세조선'의 준말.

朝刊 (조간)
朝飯 (조반)
朝食 (조식)
朝會 (조회)

早退	이를 조 / 물러날 퇴	早 退	早 退	一ㄇㅁ日旦早　ᄀᄏ艮艮退退	◆ 조퇴 : 정해진 시각 이전에 일찍 물러감.

早期 (조기)
早熟 (조숙)
退去 (퇴거)
退院 (퇴원)

調和	고를 조 / 화목할 화	調 和	調 和	言訂訂訓調調調　二千千禾和和	◆ 조화 : 서로 모두 잘 어울리게 함. 또는 잘 어울림.

調理 (조리)
調査 (조사)
調節 (조절)
調和 (조화)

● **주요 한자 결구**

삶의 지혜

도저히 불가능하다고 믿고 시작하는 일은 그것을 제 스스로 불가능하게 만드는 수단이 된다. -워너 메이커-

				◆ 존경 : 높여 공경함.	
尊敬	높을 존 / 공경 경	尊 / 敬	尊 / 敬		尊貴 (존귀) 尊待 (존대) 尊重 (존중) 尊稱 (존칭)
				◆ 졸병 : 지위 계급이 낮은 병사. 병졸.	
卒兵	군사 졸 / 군사 병	卒 / 兵	卒 / 兵		卒倒 (졸도) 卒業 (졸업) 大卒 (대졸) 將卒 (장졸)
				◆ 종손 : 종가의 맏손자.	
宗孫	마루 종 / 손자 손	宗 / 孫	宗 / 孫		宗家 (종가) 宗敎 (종교) 宗親 (종친) 宗派 (종파)
				◆ 종일 : 하루 낮 동안. 온종일.	
終日	마칠 종 / 날 일	終 / 日	終 / 日		終結 (종결) 終禮 (종례) 終末 (종말) 終着 (종착)
				◆ 좌석 : 앉은 자리. 여러 사람이 모인 자리. (=座席)	
坐席	앉을 좌 / 자리 석	坐 / 席	坐 / 席		坐骨 (좌골) 坐視 (좌시) 對坐 (대좌) 連坐 (연좌)

● 주요 한자 결구

기초 漢字 쓰기 73

삶의 지혜

이별의 뼈아픔을 맛 봄으로써만 사랑의 심연을 볼 수 있다. -조지 엘리엇-

一ナ𠂉左左	一ナ𠂇右右	◆ 좌우 : 왼쪽과 오른쪽. 좌파와 우파.	
左	원좌 左 左		左傾 (좌경)
			左遷 (좌천)
右	오른쪽우 右 右		左側 (좌측)
			左向 (좌향)
罒罒罒罪罪罪	一二チ开开刑	◆ 죄형 : 범죄와 형벌. 죄형 법정주의.	
罪	허물죄 罪 罪		罪過 (죄과)
			罪名 (죄명)
刑	형벌형 刑 刑		罪狀 (죄상)
			罪人 (죄인)
ノ一二牛朱朱	ノ月月丹	◆ 주단 : 곱고 붉은 색. 또는 그 칠.	
朱	붉을주 朱 朱		朱子 (주자)
			朱紅 (주홍)
丹	붉을단 丹 丹		朱黃 (주황)
			紫朱 (자주)
丶氵氵汁汁注注	丶亠ナ文	◆ 주문 : 어떤 상품을 일러주고 보내달라고 하는 일.	
注	물댈주 注 注		注目 (주목)
			注射 (주사)
文	글월문 文 文		注視 (주시)
			注意 (주의)
그ㅋ聿書書晝晝	亠宀ナ亣夜夜夜	◆ 주야 : 밤과 낮. 밤에나 낮에나 늘.	
晝	낮주 晝 晝		晝夢 (주몽)
			晝思 (주사)
夜	밤야 夜 夜		晝食 (주식)
			白晝 (백주)

● 주요 한자 결구

74 기초 漢字 쓰기

삶의 지혜

20대의 사랑은 환상이다. 30대의 사랑은 외도이다. 사람은 40세에 와서야 처음으로 참된 사랑을 알게 된다. -괴테-

필순	한자		필순		◆ 주파 : 예정 거리를 쉬지 않고 끝까지 달림.
一十土キキ走走			ノ石石矿矽破破		逃走 (도주) / 走力 (주력) / 走者 (주자) / 走行 (주행)
走 달아날 주	走	走	깨뜨릴 파	破 破	
破					
ノ ノ ⺮ ⺮ ⺮ ⺮ 竹			丨 冂 冂 冊 冊		◆ 죽책 : 대쪽을 여러 개 매어서 만든 옛날 책.
竹 대 죽	竹	竹	책 책	册 册	松竹 (송죽) / 烏竹 (오죽) / 破竹 (파죽) / 爆竹 (폭죽)
册					
一十十十十朴朴枝			艹 艹 艹 荁 荁 葉 葉		◆ 지엽 : 가지와 잎. 중요하지 않은 부분.
枝 가지 지	枝	枝	잎사귀 엽	葉 葉	金枝 (금지) / 弱枝 (약지) / 折枝 (절지) / 枝幹 (지간)
葉					
一十十士志志志			一厂厈原原願願願		◆ 지원 : 스스로 뜻하여 바람. 원서지원.
志 뜻 지	志	志	원할 원	願 願	篤志 (독지) / 同志 (동지) / 意志 (의지) / 鬪志 (투지)
願					
扌 扌 扩 打 指 指 指			ノ 스 시 牟 余 金 針		◆ 지침 : 생활이나 행동의 방향 준칙 따위.
指 손가락 지	指	指	바늘 침	針 針	指導 (지도) / 指名 (지명) / 指示 (지시) / 指摘 (지적)
針					

● 주요 한자 결구

기초 漢字 쓰기 75

 삶의 지혜
인간은 패배하였을 때 끝나는 것이 아니다.
포기했을 때 끝나는 것이다. -닉슨-

一 ナ 六 方 有 有 直 直			扌 扩 扩 拧 按 按 接 接		◆ **직접** : 중간에 매개나 간격이 없이 바로 연결되는 관계.
直接	곧을 직	直	直		直感 (직감)
	붙일 접	接	接		直面 (직면)
					直視 (직시)
					直進 (직진)
一 十 七 宵 肖 直 眞			丶 心 心 心		◆ **진심** : 거짓이 전혀 없는 참된 마음.
眞心	참 진	眞	眞		眞理 (진리)
	마음 심	心	心		眞否 (진부)
					眞實 (진실)
					眞僞 (진위)
亻 亻 亻 佳 隹 進 進			ㄱ 尸 尸 屈 屈 展 展		◆ **진전** : 진보하고 발전함.
進展	나아갈 진	進	進		進級 (진급)
	펼 전	展	展		進步 (진보)
					進出 (진출)
					進學 (진학)
厂 F 所 所 質 質 質			´ 冂 冂 白 白 的 的		◆ **질적** : 본바탕의 것. 상품 등의 상태에 관계되는 것.
質的	바탕 질	質	質		質問 (질문)
	과녁 적	的	的		質疑 (질의)
					體質 (체질)
					品質 (품질)
亻 亻 亻 佳 隹 集 集			一 亠 宀 言 言 言 計		◆ **집계** : 어떤 수나 수량을 모아서 합계함.
集計	바탕 집	集	集		集團 (집단)
	셈할 계	計	計		集散 (집산)
					集中 (집중)
					集會 (집회)

● **주요 한자 결구**

76 기초 漢字 쓰기

삶의 지혜

인간은 항상 시간이 모자란다고 불평을 하면서 마치 시간이 무한정 있는 것처럼 행동한다. -세네카-

필순	한자	훈음	쓰기	쓰기	필순		용례
土 赤 击 幸 剌 執 執	執刀	잡을 집 / 칼 도	執刀	執刀	ㄱ 刀	◆ 집도 : 수술·해부를 위해 메스를 잡는 것.	執權 (집권) / 執着 (집착) / 執筆 (집필) / 執行 (집행)
イ 亻 仕 什 借 借 借	借名	빌리 차 / 이름 명	借名	借名	ノ ク ク 夕 名 名	◆ 차명 : 남의 이름을 빌려서 씀. 또는 그 이름.	借款 (차관) / 借用 (차용) / 借入 (차입) / 賃借 (임차)
ㄥ ㄥ 夾 夾 參 參	參考	참여할 참 / 상고할 고	參考	參考	一 十 土 耂 考	◆ 참고 : 살펴서 생각함. 살펴 도움이 되는 재료로 삼음.	參加 (참가) / 參拜 (참배) / 參席 (참석) / 參照 (참조)
宀 宀 空 空 窓 窓	窓口	창 창 / 입 구	窓口	窓口	丨 口 口	◆ 창구 : 사무실 등에서 담당자와 응대할 수 있는 자리.	窓門 (창문) / 同窓 (동창) / 車窓 (차창) / 學窓 (학창)
扌 扌 扩 扩 挘 採 採	採取	캘 채 / 취할 취	採取	採取	一 丆 丆 耳 取 取	◆ 채취 : 땅에서 풀·나무 등을 뜯거나 따거나 캐어 냄.	採算 (채산) / 採用 (채용) / 採集 (채집) / 採擇 (채택)

●  주요 한자 결구

삶의 지혜

인간을 자유롭고 고상하게 살지 못하게 하는 것은 다른 무엇보다도, 소유에 대한 집착이다. −버트런드 아서 윌리엄 러셀−

◆ 천어 : 냇물에서 사는 물고기.

川	내 천	川	川		溪川 (계천)
魚	고기 어	魚	魚		大川 (대천)
					山川 (산천)
					河川 (하천)

◆ 철갑 : 쇠로 만든 갑옷. 철의.

鐵	쇠 철	鐵	鐵		鐵鋼 (철강)
甲	갑옷 갑	甲	甲		鐵道 (철도)
					鐵材 (철재)
					鐵板 (철판)

◆ 청와 : 청기와. 청색 기와. 청와대.

靑	푸를 청	靑	靑		靑果 (청과)
瓦	기와 와	瓦	瓦		靑年 (청년)
					靑雲 (청운)
					靑春 (청춘)

◆ 청정 : 맑고 깨끗함. 맑고 깨끗하게 함.

淸	맑을 청	淸	淸		淸潔 (청결)
淨	깨끗할 정	淨	淨		淸廉 (청렴)
					淸掃 (청소)
					淸濁 (청탁)

◆ 초기 : 맨 처음으로 비롯되는 시기. 또는 그 동안.

初	처음 초	初	初		初級 (초급)
期	기약 기	期	期		初等 (초등)
					初步 (초보)
					初志 (초지)

● 주요 한자 결구

78 기초 漢字 쓰기

삶의 지혜
인간이란 미소와 눈물 사이를 왕래하는 시계추와 같은 것이다. -바이런-

日旦早早昴昴最最	ノ厂斤斤斤斤近近	◆ 최근 : 얼마 아니 되는 지나간 날.	
最 가장 최 最 最			最高 (최고)
			最代 (최대)
近 가까울 근 近 近			最先 (최선)
			最初 (최초)
扌扌扩扩扩扩推推	ノイイ仁仰仰	◆ 추앙 : 높이 받들어 우러러 봄.	
推 밀 추 推 推			推究 (추구)
			推理 (추리)
仰 우러를 앙 仰 仰			推定 (추정)
			推進 (추진)
′ 亻亻宀 阝追追	忄忄忄忄忄悁憶憶憶	◆ 추억 : 지난 일을 돌이켜 생각함. 또는 그 생각.	
追 쫓을 추 追 追			追加 (추가)
			追伸 (추신)
憶 생각할 억 憶 憶			追越 (추월)
			追後 (추후)
一 亍 亓 亓 祀 祀 祝	力 加 加 加 賀 賀 賀	◆ 축하 : 경사에 기쁘고 즐겁다는 뜻으로 인사함.	
祝 빌 축 祝 祝			祝杯 (축배)
			祝福 (축복)
賀 하례 하 賀 賀			祝願 (축원)
			祝祭 (축제)
二三声夫春春春	一二千禾禾禾秋秋	◆ 춘추 : 봄 가을. '춘추시대'의 준말.	
春 봄 춘 春 春			春秋 (춘추)
			春分 (춘분)
秋 가을 추 秋 秋			春風 (춘풍)
			春夏 (춘하)

●  주요 한자 결구

 **中學900**

삶의 지혜
인격은 공상으로 형성되는 것이 아니다. 망치를 들고 틀에 넣어 다져서 만들어지는 것이다. -웨링턴-

蟲	벌레 충	蟲	蟲	◈ 충치 : 벌레 먹은 이.	昆蟲 (곤충) / 防蟲 (방충)
齒	이 치	齒	齒		殺蟲 (살충) / 幼蟲 (유충)
忠	충성 충	忠	忠	◈ 충효 : 충성과 효도. 충효사상.	忠犬 (충견) / 忠告 (충고)
孝	효도 효	孝	孝		忠誠 (충성) / 忠直 (충직)
吹	불 취	吹	吹	◈ 취타 : 나발·소라 등을 불고 징·북 등을 치는 군악.	鼓吹 (고취) / 吹入 (취입)
打	칠 타	打	打		吹奏 (취주) / 打力 (타력)
親	친할 친	親	親	◈ 친구 : 오래 두고 가깝게 사귀는 사람. 벗.	親家 (친가) / 親近 (친근)
舊	옛 구	舊	舊		親分 (친분) / 親善 (친선)
七	일곱 칠	七	七	◈ 칠촌 : 일곱 치. 아버지의 육촌.	七寶 (칠보) / 七夕 (칠석)
寸	마디 촌	寸	寸		七星 (칠성) / 七旬 (칠순)

● **주요 한자 결구**

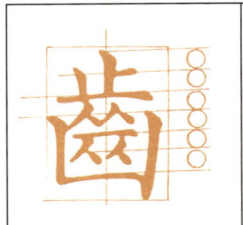    

삶의 지혜

인내를 지닐 수 있는 사람은 그가 바라는 것은 무엇이든 손에 넣을 수가 있다. -프랭클린-

` ′ ㅗ ㅜ 卜 忄 忄 快 快`			`日 日¯ 日圭 日圭 晴 晴`		◈ 쾌청 : 하늘이 구름 한 점 없이 맑게 갬.
快	쾌할 쾌	快	快		快擧 (쾌거) 快樂 (쾌락)
晴	갤 청	晴	晴		快速 (쾌속) 快哉 (쾌재)
`月 厅 胪 胪 胪 脫 脫`			`′ 亠 ナ 亡 쵸 衣`		◈ 탈의 : 옷을 벗음. 옷을 벗는 것.
脫	벗을 탈	脫	脫		脫稿 (탈고) 脫落 (탈락)
衣	옷 의	衣	衣		脫稅 (탈세) 脫出 (탈출)
`扌 扌 扩 护 护 押 探`			`卩 門 門 門 聞 聞 聞`		◈ 탐문 : 더듬어 찾아서 들음.
探	찾을 탐	探	探		探究 (탐구) 探訪 (탐방)
聞	들을 문	聞	聞		探査 (탐사) 探險 (탐험)
`一 十 土`			`一 十 土 圠 地 地`		◈ 토지 : 땅. 흙. 집터. 논밭.
土	흙 토	土	土		土器 (토기) 土臺 (토대)
地	땅 지	地	地		土木 (토목) 土着 (토착)
`一 十 才 才 抒 投 投`			`丿 亠 钅 釒 鉎 錢 錢 錢`		◈ 투전 : 돈치기. 동전을 던져 놓고 맞히는 놀이.
投	던질 투	投	投		投機 (투기) 投書 (투서)
錢	돈 전	錢	錢		投入 (투입) 投資 (투자)

● 주요 한자 결구

삶의 지혜

인생에 있어서 고통을 면하는 최상의 방법은 자기의 이익을 아주 적게 생각하는 일이다. -쥬베르-

牜牛牜牪特特特			ㅣㄇㅁㅁㄗ另別別	◆ 특별 : 보통과 아주 다름. 스페셜.	
特	특별할 특	特	特		特權 (특권)
					特命 (특명)
別	다를 별	別	別		特色 (특색)
					特性 (특성)
ノ八			ノ月月月	◆ 팔월 : 일 년 중 여덟 번째의 달.	
八	여덟 팔	八	八		八角 (팔각)
					八道 (팔도)
月	달 월	月	月		八方 (팔방)
					八字 (팔자)
一ノ厂丆平			一+土圠均均均	◆ 평균 : 많고 적음이 없이 균일하게 한 것.	
平	평안할 평	平	平		平年 (평년)
					平等 (평등)
均	고를 균	均	均		平民 (평민)
					平行 (평행)
ㅣㄇㄇ門門閂閉			人人今合命會會	◆ 폐회 : 집회 또는 회의 등을 마침.	
閉	닫을 폐	閉	閉		閉幕 (폐막)
					閉鎖 (폐쇄)
會	모을 회	會	會		閉業 (폐업)
					閉廷 (폐정)
日旦昇昇暴暴暴			ノ今今食食飮飮飮	◆ 폭음 : 술을 가리지 않고 한꺼번에 많이 마심.	
暴	사나울 폭	暴	暴		暴君 (폭군)
					暴利 (폭리)
飮	마실 음	飮	飮		暴發 (폭발)
					暴風 (폭풍)

● **주요 한자 결구**

삶의 지혜

인생에 있어서 최고의 행복은 우리가 사랑받고 있다는 확신이다. -V. 위고(레 미제라블)-

				◆ 표기 : 거죽에 표시해 기록함. 또는 그런 기록.	
表	거죽 표	表	表		表決 (표결)
					表面 (표면)
記	기록할 기	記	記		表示 (표시)
					表情 (표정)
				◆ 풍부 : 수량 따위가 넉넉하고 많음.	
豊	풍년 풍	豊	豊		豊年 (풍년)
					豊滿 (풍만)
富	부자 부	富	富		豊盛 (풍성)
					豊足 (풍족)
				◆ 풍파 : 세찬 바람과 험한 물결. 세파.	
風	바람 풍	風	風		風景 (풍경)
					風浪 (풍랑)
波	물결 파	波	波		風物 (풍물)
					風速 (풍속)
				◆ 피아 : 그와 나. 상대와 우리, 저편과 이편.	
彼	저 피	彼	彼		彼邊 (피변)
					彼岸 (피안)
我	나 아	我	我		彼此 (피차)
					彼處 (피처)
				◆ 필수 : 꼭 필요함. 꼭 필요로 하는 것. 필수품.	
必	반드시 필	必	必		必讀 (필독)
					必死 (필사)
須	모름지기 수	須	須		必勝 (필승)
					必要 (필요)

● **주요 한자 결구**

기초 漢字 쓰기 **83**

삶의 지혜

인생은 살 가치가 있다는 것, 그것이 모든 예술의 궁극적 내용이고 위안이다. -헤르만 헤세-

筆者	붓 필 / 놈 자	⺮ ⺮ 竺 竺 竺 筆 筆　　　十 土 耂 者 者 者 者	◈ **필자** : 글·글씨·원고 따위를 쓴 사람.	筆記 (필기) 筆名 (필명) 筆順 (필순) 筆致 (필치)
匹敵	짝 필 / 원수 적	一 丆 兀 匹　　　亠 产 产 商 商 敵	◈ **필적** : 실력·세력 등이 서로 엇비슷하여 견줄 만함.	匹馬 (필마) 匹夫 (필부) 匹婦 (필부) 配匹 (배필)
學習	배울 학 / 익힐 습	⺊ ⺊ 鬥 鬥 學 學　　　ᄏ 羽 羽 習 習 習	◈ **학습** : 지식이나 기술 등을 배워서 익힘.	學校 (학교) 學年 (학년) 學歷 (학력) 學生 (학생)
漢江	한수 한 / 강 강	氵 氵 泄 沽 漢 漢　　　丶 冫 氵 汀 江 江	◈ **한강** : 한국 중부에 있는 남한강과 북한강의 총칭.	怪漢 (괴한) 惡漢 (악한) 醉漢 (취한) 漢族 (한족)
韓中	나라 한 / 가운데 중	十 古 卓 卓 幹 幹 韓　　　丶 口 口 中	◈ **한중** : 한국과 중국. 한국어와 중국어.	韓國 (한국) 韓服 (한복) 韓人 (한인) 韓貨 (한화)

● **주요 한자 결구** ‖‖

삶의 지혜

인생은 한 권의 책과 같다. 어리석은 사람은 아무렇게나 책장을 넘기지만 현명한 사람은 공들여 읽는다. 왜냐하면 그들은 단 한번밖에 그것을 읽지 못함을 알고 있기 때문이다. -장 파울-

恒	항상 항	恒	恒			◆ **항구** : 변하지 않고 오래가는 성질. 항구적.	恒常 (항상)
							恒星 (항성)
久	오랠 구	久	久				恒心 (항심)
							恒溫 (항온)
解	풀 해	解	解			◆ **해제** : 특별조치 등을 풀어 평상 상태로 되돌림.	解決 (해결)
							解答 (해답)
除	덜 제	除	除				解夢 (해몽)
							解析 (해석)
幸	다행 행	幸	幸			◆ **행복** : 욕구가 충족되어 만족과 기쁨을 느끼는 상태.	幸臣 (행신)
							幸運 (행운)
福	복 복	福	福				多幸 (다행)
							天幸 (천행)
虛	빌 허	虛	虛			◆ **허공** : 텅 빈 공중, 텅 빈 하늘 공간.	虛氣 (허기)
							虛禮 (허례)
空	빌 공	空	空				虛無 (허무)
							虛僞 (허위)
革	가죽 혁	革	革			◆ **혁신** : 구습을 버리거나 바꾸어 새롭게 함.	改革 (개혁)
							變革 (변혁)
新	새 신	新	新				沿革 (연혁)
							皮革 (피혁)

● 주요 한자 결구

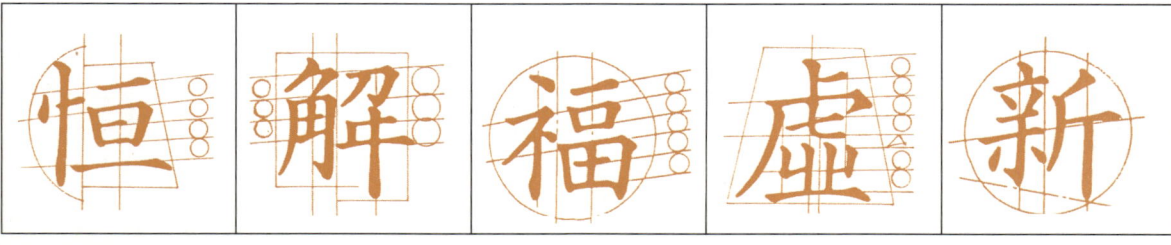

기초 漢字 쓰기 85

 　　　삶의 지혜

인생이란 느끼는 자에게는 비극, 생각하는
자에게는 희극이다. –라 브뤼에르–

臣 臤 臤 臤 賢 賢 賢		女 女 女 妇 婦 婦 婦		◆ **현부** : 현명한 부인. 어진 며느리.	
賢	어질현	賢	賢		賢母 (현모)
					賢淑 (현숙)
婦	지어미부	婦	婦		賢人 (현인)
					賢妻 (현처)
´ ノ 亇 甪 血 血		丨 目 目 目³ 眼 眼 眼		◆ **혈안** : 기를 쓰고 덤벼들어 충혈이 된 눈.	
血	피혈	血	血		血氣 (혈기)
					血脈 (혈맥)
眼	눈안	眼	眼		血壓 (혈압)
					血鬪 (혈투)
十 忄 ヤ 炒 協 協 協		言 計 計 諼 議 議 議		◆ **협의** : 여러 사람이 모여 어떤 사안을 의논함.	
協	도울협	協	協		協同 (협동)
					協商 (협상)
議	의논할의	議	議		協定 (협정)
					協會 (협회)
一 二 チ 开 形 形		一 二 丁 丅 式 式		◆ **형식** : 겉으로 보이는 모양. 일정한 절차나 양식 따위.	
形	형상형	形	形		形局 (형국)
					形狀 (형상)
式	법식	式	式		形體 (형체)
					形便 (형편)
丨 口 卩 尸 兄		` ´ ヽ ヽ 甾 弟 弟		◆ **형제** : 형과 아우. 형제자매를 아우르는 말.	
兄	맏형	兄	兄		妹兄 (매형)
					師兄 (사형)
弟	아우제	弟	弟		妻兄 (처형)
					親兄 (친형)

● **주요 한자 결구**

삶의 지혜
일생동안 친구는 한 명이면 족하다. 두 명은 많고 세 명은 거의 불가능하다. -애덤스-

湖	호수 호	湖	湖	◆ 호서 : 충청남도와 충청북도를 아울러 이르는 말.
西	서녘 서	西	西	湖畔 (호반) / 湖水 (호수) / 江湖 (강호) / 沼湖 (소호)
好	좋을 호	好	好	◆ 호전 : 전쟁이나 싸움을 좋아함. 호전적.
戰	싸움 전	戰	戰	好期 (호기) / 好意 (호의) / 好評 (호평) / 好況 (호황)
虎	범 호	虎	虎	◆ 호피 : 범의 털가죽. 호랑이 가죽.
皮	가죽 피	皮	皮	猛虎 (맹호) / 飛虎 (비호) / 白虎 (백호) / 龍虎 (용호)
或	혹 혹	或	或	◆ 혹여 : 혹시. 어쩌다 우연히. 만일에.
如	같을 여	如	如	或說 (혹설) / 或是 (혹시) / 或者 (혹자) / 間或 (간혹)
混	섞을 혼	混	混	◆ 혼색 : 색을 섞음. 또는 섞은 그 색.
色	빛 색	色	色	混同 (혼동) / 混亂 (혼란) / 混雜 (혼잡) / 混合 (혼합)

● 주요 한자 결구

  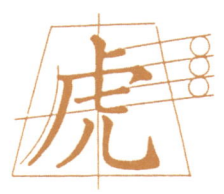  

기초 漢字 쓰기 **87**

삶의 지혜

일은 하라, 그러나 일에 쫓기지 말라.
　　　　　　　　　　　　　－프랭클린－

	⺾ ⺾ 糸 紅 紅 紅		亠 产 彦 彦 新 顔 顔	◆ **홍안** : 젊어 혈색이 좋은 얼굴.	
紅	붉을 홍	紅	紅		粉紅 (분홍)
顔	얼굴 안	顔	顔		朱紅 (주홍)
					靑紅 (청홍)
					紅茶 (홍차)
	⺾ ⺾ 芢 藋 歡 歡 歡		ノ 亻 爫 卬 卬 迎 迎	◆ **환영** : 호의를 가지고 오는 이를 즐거이 맞음.	
歡	기쁠 환	歡	歡		歡談 (환담)
迎	맞을 영	迎	迎		歡待 (환대)
					歡送 (환송)
					歡呼 (환호)
	′ 冂 白 白 皁 皇 皇		亠 亠 亠 产 产 帝 帝	◆ **황제** : 제국의 군주.	
皇	임금 황	皇	皇		皇命 (황명)
帝	임금 제	帝	帝		皇妃 (황비)
					皇室 (황실)
					皇恩 (황은)
	一 艹 芢 苎 苖 黃		′ 冂 冂 白 鳥 鳥	◆ **황조** : 꾀꼬리. 휘파람새와 비슷한 꾀꼬릿과의 새.	
黃	누를 황	黃	黃		黃金 (황금)
鳥	새 조	鳥	鳥		黃銅 (황동)
					黃牛 (황우)
					黃土 (황토)
	亠 宀 六 亥 亥 效 效		冂 曰 曰 旦 甲 果 果	◆ **효과** : 보람이 있는 좋은 결과. 시청각 효과.	
效	본받을 효	效	效		效能 (효능)
果	과실 과	果	果		效力 (효력)
					效用 (효용)
					效驗 (효험)

● **주요 한자 결구** ||||||||||||||||||||||||||||||||||

삶의 지혜
일이 재미있으면 인생은 낙원이다. 일이 의무라면 인생은 지옥이다. -고리끼-

	훈방 : 훈계 방면의 준말. 훈방조치.
訓 가르칠 훈 / 放 놓을 방	訓戒 (훈계) / 訓練 (훈련) / 訓手 (훈수) / 訓話 (훈화)
	흑연 : 시꺼먼 연기. 화공의 먹줄.
黑 검을 흑 / 煙 연기 연	黑心 (흑심) / 黑人 (흑인) / 黑字 (흑자) / 黑土 (흑토)
	흥망 : 국가나 민족 등의 흥성한 때와 멸망한 때.
興 일어날 흥 / 亡 망할 망	興味 (흥미) / 興奮 (흥분) / 興盛 (흥성) / 興行 (흥행)
	희노 : 기쁨과 노여움. 희노애락.
喜 기쁠 희 / 怒 성낼 노	喜劇 (희극) / 喜樂 (희락) / 喜悲 (희비) / 喜悅 (희열)
	희망 : 어떤 일을 이루거나 얻고자 기대하고 바람.
希 바랄 희 / 望 바랄 망	希求 (희구) / 希願 (희원) / 渴望 (갈망) / 所望 (소망)

● 주요 한자 결구

   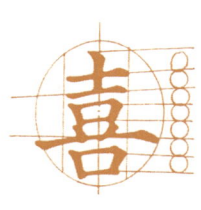 

中學900 낱자로 된 한자쓰기

干	看	渴	建	庚	癸	功	郞	凉	列	忙	鳴
방패 간	볼 간	목마를 갈	세울 건	천간 경	천간 계	공 공	사내 랑	서늘할 량	벌일 렬	바쁠 망	울 명

米	扶	比	絲	霜	暑	昔	惜	舌	誰	雖	叔
쌀 미	도울 부	견줄 비	실 사	서리 상	더울 서	옛 석	아낄 석	혀 설	누구 수	비록 수	아재비 숙

中學900 낱자로 된 한자쓰기

也	於	余	亦	悅	吾	悟	玉	臥	曰	憂	又
어조사야	어조사어	나 여	또 역	기쁠 열	나 오	깨달을오	구슬 옥	누울 와	가로 왈	근심 우	또 우

尤	云	危	酉	猶	唯	柔	泣	而	慈	昨	栽
더욱 우	이를 운	위태할위	닭 유	오히려유	오직 유	부드러울유	울 읍	말이을이	사랑 자	어제 작	심을 재

中學900 낱자로 된 한자쓰기

哉	低	絶	井	靜	祭	諸	衆	卽	曾	之	紙
어조사재	낮을저	끊을절	우물정	고요정	제사제	모두제	무리중	곧 즉	일찍증	갈 지	종이지

持	辰	此	且	昌	唱	菜	責	招	充	就	泰
가질지	별 진	이 차	또 차	창성할창	노래할창	나물채	꾸짖을책	부를초	채울충	이룰취	클 태

中學900 낱자로 된 한자쓰기

宅	統	貝	片	布	抱	夏	閑	亥	乎	呼	火
집 택	거느릴통	조개패	조각편	베 포	안을포	여름하	한가할한	돼 지 해	어조사호	부를호	불 화
宅	統	貝	片	布	抱	夏	閑	亥	乎	呼	火
宅	統	貝	片	布	抱	夏	閑	亥	乎	呼	火

厚	胸
두터울후	가 슴 흉
厚	胸
厚	胸

 음별색인

가		個	11	계		過	16	권	
佳	9	改	11	季	14	科	17	勸	20
假	8	皆	10	溪	14	課	17	卷	20
價	69	開	10	界	44	관		權	20
加	8	객		癸	89	官	17	귀	
可	8	客	17	計	75	觀	17	歸	20
家	9	거		鷄	14	關	17	貴	20
歌	8	去	16	고		광		균	
街	8	居	11	古	15	光	18	均	81
각		巨	11	告	36	鑛	18	극	
各	9	擧	43	固	12	교		極	23
角	29	건		故	15	交	18	근	
脚	18	乾	11	考	76	敎	18	勤	10
간		建	89	苦	15	校	19	根	21
干	89	견		高	15	橋	18	近	78
看	89	堅	12	곡		구		금	
間	49	犬	12	曲	15	久	84	今	15
갈		見	12	穀	57	九	19	禁	21
渴	89	결		谷	14	口	76	金	68
감		決	12	곤		句	39	급	
減	9	潔	12	困	16	救	19	及	21
感	9	結	13	坤	11	球	52	急	21
敢	59	경		골		究	55	給	21
甘	10	京	13	骨	16	舊	79	기	
갑		庚	89	공		국		其	22
甲	77	敬	72	公	16	國	52	基	22
강		景	14	共	16	군		己	67
强	10	更	35	功	89	君	19	幾	22
江	83	競	13	工	8	郡	19	技	22
降	49	經	13	空	84	軍	62	旣	22
講	10	耕	25	과		궁		期	77
개		輕	14	果	87	弓	53	氣	66
		驚	13						

길									
記	82	談	46	득		令	63	馬	12
吉	23	답		得	48	領	56	막	
난		答	26	등		례		莫	30
暖	23	당		燈	69	例	35	만	
難	16	堂	10	登	29	禮	56	滿	30
남		當	26	等	15	로		晚	30
南	23	대		락		勞	24	萬	30
男	23	代	26	樂	52	老	24	말	
내		大	61	落	21	路	8	末	20
乃	24	對	27	란		露	24	망	
內	23	待	27	卵	14	록		亡	88
녀		덕		랑		綠	24	忙	89
女	67	德	37	浪	37	론		忘	38
년		도		郞	89	論	33	望	88
年	30	刀	76	래		료		매	
념		到	28	來	33	料	68	妹	67
念	41	圖	27	랭		류		每	30
노		島	33	冷	58	流	62	買	31
怒	88	度	46	량		柳	45	賣	31
농		徒	27	兩	52	留	36	맥	
農	25	都	27	凉	89	륙		麥	31
능		道	46	良	53	六	63	면	
能	8	독		量	59	陸	62	免	31
다		獨	28	려		률		勉	20
多	25	讀	28	旅	54	律	63	眠	28
단		동		력		리		面	8
丹	73	冬	28	力	24	利	20	명	
但	25	動	60	歷	54	李	65	名	76
單	25	同	29	련		理	26	命	47
短	26	洞	28	連	55	里	64	明	38
端	25	東	29	練	44	림		鳴	89
달		童	51	렬		林	40	모	
達	26	두		列	89	립		暮	45
		斗	37	烈	55	立	28	母	37
		豆	29	령		마		毛	53
		頭	29					목	

木	46	反	33	報	36	貧	39	相	47
目	17	飯	34	**복**		**빙**		賞	42
묘		**발**		復	18	氷	39	霜	89
卯	69	發	34	服	49	**사**		**색**	
妙	31	**방**		福	84	事	40	色	86
무		防	34	**본**		仕	36	**생**	
務	68	房	23	本	12	使	39	生	42
戊	32	放	88	**봉**		四	39	**서**	
武	41	方	34	奉	36	史	54	序	42
無	32	訪	26	逢	36	士	67	暑	89
茂	31	**배**		**부**		寺	40	書	28
舞	60	拜	65	不	37	射	34	西	86
묵		杯	15	否	37	巳	63	**석**	
墨	32	**백**		夫	55	師	64	夕	43
문		白	12	婦	85	思	64	席	72
問	32	百	34	富	82	死	40	惜	89
文	73	**번**		扶	89	絲	89	昔	89
聞	80	番	35	浮	37	私	39	石	43
門	32	**벌**		部	23	舍	59	**선**	
물		伐	35	父	37	謝	9	仙	43
勿	33	**범**		**북**		**산**		先	59
物	62	凡	35	北	37	山	40	善	43
미		**법**		**분**		散	40	選	43
味	64	法	22	分	38	産	42	線	15
尾	53	**변**		**불**		算	12	船	53
未	33	變	35	佛	48	**살**		鮮	71
米	89	**별**		**붕**		殺	41	**설**	
美	33	別	81	朋	38	**삼**		舌	89
민		**병**		**비**		三	41	設	39
民	28	丙	35	備	38	**상**		說	69
밀		兵	72	悲	38	上	57	雪	44
密	54	病	36	比	89	傷	42	**성**	
박		**보**		非	49	商	11	城	58
朴	45	步	27	飛	57	喪	42	姓	44
반		保	36	鼻	38	尙	41	性	21
半	33			**빈**		常	41	成	26
						想	41		

星	62
盛	31
省	44
聖	50
聲	64
誠	70

세

世	44
勢	61
洗	44
歲	45
稅	17
細	45

소

小	45
少	9
消	45
所	48
笑	51
素	45

속

俗	46
速	46
續	55

손

孫	72

송

松	46
送	46

수

授	47
修	47
受	47
壽	47
守	19
愁	54
手	8
收	56

數	25
樹	50
水	46
秀	47
誰	89
雖	89
須	82
首	47

숙

叔	89
宿	48
淑	70

순

純	48
順	48

술

戌	32

숭

崇	48

습

拾	48
習	83

승

勝	49
乘	49
承	49

시

始	61
市	27
施	51
是	49
時	49
示	52
視	50
詩	42
試	66

식

式	85
植	50
識	41
食	21

신

信	58
新	84
申	66
神	50
臣	19
身	50
辛	50

실

失	51
室	59
實	51

심

深	51
心	75
甚	30

십

十	51

씨

氏	44

아

兒	51
我	82

악

惡	43

안

安	52
案	31
眼	85
顔	87

암

巖	52

暗	52

앙

仰	78

애

哀	38
愛	55

야

也	90
夜	73
野	52

약

弱	10
若	30
藥	43
約	9

양

揚	66
洋	53
陽	43
羊	53
讓	65
養	47

어

漁	53
於	90
語	53
魚	77

억

億	34
憶	78

언

言	10

엄

嚴	54

업

業	10

여

余	90
如	86
汝	54
與	17
餘	54

역

亦	90
易	18
逆	55

연

煙	88
然	26
硏	55

열

悅	90
熱	55

염

炎	38

엽

葉	74

영

榮	56
永	56
英	56
迎	87

예

藝	60

오

五	57
午	57
吾	90
悟	90
烏	57
誤	57

음별색인(音別索引)

옥		雨	60,36	은		印	17	쟁	
屋	57	운		恩	63	因	22	爭	13
玉	90	云	90	銀	63	寅	35	저	
온		運	60	을		引	66	低	91
溫	58	雲	60	乙	63	認	37	貯	68
와		웅		음		일		적	
瓦	77	雄	56	吟	64	一	71	敵	83
臥	90	원		陰	24	日	66,72	適	69
완		元	61	音	64	임		的	75
完	58	原	44	飮	81	壬	66	赤	68
왈		園	60	읍		입		전	
曰	90	圓	60	泣	90	入	66	全	58
왕		怨	61	邑	64	자		傳	69
往	65	遠	56	응		姉	67	典	13
王	58	願	74	應	33	子	45	前	66
외		월		의		字	68	展	75
外	58	月	81	依	65	慈	90	戰	86
요		위		意	64	者	83	田	40
要	58	位	25	矣	54	自	67	錢	80
욕		偉	61	義	56	작		電	69
浴	59	危	90	議	85	作	71	절	
欲	70	威	61	衣	80	昨	90	節	14
용		爲	61	醫	64	장		絶	91
勇	59	유		이		場	18	점	
容	59	唯	90	二	65	壯	67	店	34
用	39	幼	24	以	66	將	67	접	
우		油	43	已	65	章	27	接	75
于	59	猶	90	異	13	長	67	정	
又	90	有	62	移	65	재		丁	69
友	38	柔	90	而	90	再	68	井	91
右	73	遺	62	耳	55	哉	91	停	70
宇	60	遊	62	익		在	40	定	69
尤	90	由	40	益	48	才	47	庭	9
憂	90	酉	90	인		材	68	情	70
牛	59	육		人	11	栽	90	淨	77
遇	27	肉	16	仁	13	財	68	政	70
		育	18						

正	25	**좌**		紙	91	責	91	**축**	
精	70	坐	72	至	24	**처**		丑	50
貞	70	左	73	**직**		妻	53	祝	78
靜	91	**죄**		直	75	處	42	**춘**	
頂	29	罪	73	**진**		**척**		春	78
제		**주**		進	75	尺	41	**출**	
帝	87	主	42	盡	45	**천**		出	46
弟	85	住	11	眞	75	千	22	**충**	
除	84	宙	60	辰	91	天	24	充	91
祭	91	注	73	**질**		川	77	忠	79
第	71	畫	73	質	75	淺	51	蟲	79
製	71	朱	73	**집**		泉	52	**취**	
諸	91	走	74	執	76	**철**		取	76
題	32	酒	31	集	75	鐵	77	吹	79
조		**죽**		**차**		**청**		就	91
兆	51	竹	74	且	91	淸	77	**치**	
助	19	**중**		借	76	晴	80	治	70
朝	71	重	14	次	67	聽	50	致	14
早	71	中	83	此	91	請	58	齒	19
造	11	衆	91	車	70	靑	77	**칙**	
祖	61	**즉**		**착**		**체**		則	19
調	71	卽	91	着	28	體	50	**친**	
鳥	87	**증**		**찰**		**초**		親	79
족		增	21	察	44	初	77	**칠**	
族	29	曾	91	**참**		招	91	七	79
足	30	證	16	參	76	草	35	**침**	
존		**지**		**창**		**촌**		針	74
存	22	只	25	唱	91	寸	79	**쾌**	
尊	72	地	80	昌	91	村	39	快	80
졸		指	74	窓	76	**최**		**타**	
卒	72	持	91	**채**		最	78	他	22
종		支	65	採	76	**추**		打	79
宗	72	枝	74	菜	91	推	78	**탈**	
從	48	志	74	**책**		追	78	脫	80
終	72	止	21	冊	74	秋	78		
種	9	知	32						
鐘	30								

탐		폐		韓	83	호		孝	79
探	80	閉	81	합		乎	92	效	87
태		포		合	69	呼	92	후	
太	29	布	92	항		好	86	厚	92
泰	91	抱	92	恒	84	湖	86	後	57
택		폭		해		戶	32	훈	
宅	92	暴	81	亥	92	虎	86	訓	88
토		표		害	41	號	35	휴	
土	80	表	82	海	29	혹		休	62
통		품		解	84	或	86	흉	
通	16	品	42	행		혼		凶	23
統	92	풍		幸	84	婚	13	胸	92
퇴		豊	82	行	63	混	86	흑	
退	71	風	82	향		홍		黑	88
투		피		向	34	紅	87	흥	
投	80	彼	82	鄕	15	화		興	88
특		皮	86	香	54	化	20	희	
特	81	필		허		和	71	喜	88
파		匹	83	虛	84	火	92	希	88
波	82	必	82	許	31	花	65		
破	74	筆	83	혁		華	56		
판		하		革	84	畵	32		
判	57	下	20	현		話	27		
팔		何	63	現	68	貨	33		
八	81	夏	92	賢	85	환			
패		河	39	혈		患	36		
敗	49	賀	78	血	85	歡	87		
貝	92	학		협		활			
편		學	83	協	85	活	40		
便	23	한		형		황			
片	92	寒	34	兄	85	皇	87		
篇	26	恨	61	刑	73	黃	87		
평		漢	83	形	85	회			
平	81	限	62	혜		回	19		
		閑	92	惠	63	會	81		
						효			

반대의 뜻을 가진 漢字 (1)

加	더할 가	減	덜 감	暖	따뜻할 난	冷	찰 랭
可	옳을 가	否	아니 부	難	어려울 난	易	쉬울 이
甘	달 감	苦	쓸 고	男	사내 남	女	계집 녀
強	강할 강	弱	약할 약	內	안 내	外	바깥 외
開	열 개	閉	닫을 폐	濃	짙을 농	淡	엷을 담
客	손 객	主	주인 주	多	많을 다	少	적을 소
去	갈 거	來	올 래	大	클 대	小	작을 소
乾	마를 건	濕	축축할 습	動	움직일 동	靜	고요할 정
京	서울 경	鄕	시골 향	頭	머리 두	尾	꼬리 미
輕	가벼울 경	重	무거울 중	得	얻을 득	失	잃을 실
苦	괴로울 고	樂	즐거울 락	老	늙을 로	少	젊을 소
高	높을 고	低	낮을 저	利	이로울 리	害	해로울 해
古	예 고	今	이제 금	賣	살 매	買	팔 매
曲	굽을 곡	直	곧을 직	明	밝을 명	暗	어두울 암
功	공 공	過	허물 과	問	물을 문	答	대답할 답
公	공평할 공	私	사사 사	發	떠날 발	着	붙을 착
敎	가르칠 교	學	배울 학	貧	가난할 빈	富	부자 부
貴	귀할 귀	賤	천할 천	上	위 상	下	아래 하
禁	금할 금	許	허락할 허	生	날 생	死	죽을 사
吉	길할 길	凶	언짢을 흉	先	먼저 선	後	뒤 후

반대의 뜻을 가진 漢字 (2)

玉	옥 옥	石	돌 석	長	길 장	短	짧을 단
安	편아할 안	危	위태할 위	前	앞 전	後	뒤 후
善	착할 선	惡	악할 악	正	바를 정	誤	그르칠 오
受	받을 수	授	줄 수	早	일찍 조	晩	늦을 만
勝	이길 승	敗	패할 패	朝	아침 조	夕	저녁 석
是	옳을 시	非	아닐 비	晝	낮 주	夜	밤 야
始	비로소 시	終	마칠 종	眞	참 진	假	거짓 가
新	새 신	舊	예 구	進	나아갈 진	退	물러갈 퇴
深	깊을 심	淺	얕을 천	集	모을 집	散	흩어질 산
哀	슬플 애	歡	기쁠 환	天	하늘 천	地	땅 지
溫	따뜻할 온	冷	찰 랭	初	처음 초	終	마칠 종
往	갈 왕	來	올 래	出	나갈 출	入	들 입
優	뛰어날 우	劣	못할 렬	表	겉 표	裏	속 리
遠	멀 원	近	가까울 근	豐	풍년 풍	凶	흉년 흉
有	있을 유	無	없을 무	彼	저 피	此	이 차
陰	그늘 음	陽	볕 양	寒	찰 한	暑	더울 서
異	다를 이	同	한가지 동	虛	빌 허	實	열매 실
因	인할 인	果	과연 과	黑	검을 흑	白	흰 백
自	스스로 자	他	남 타	興	흥할 흥	亡	망할 망
雌	암컷 자	雄	수컷 웅	喜	기쁠 희	悲	슬플 비

 # 잘못쓰기 쉬운 漢字 (1)

綱	법 강	網	그물 망	問	물을 문	間	사이 간
開	열 개	閑	한가할 한	未	아닐 미	末	끝 말
決	정할 결	快	유쾌할 쾌	倍	갑절 배	培	북돋을 배
徑	지름길 경	經	날 경	伯	만 백	佰	어른 백
古	예 고	右	오른 우	凡	무릇 범	几	안석 궤
困	지칠 곤	因	인할 인	復	다시 부	複	거듭 복
科	과목 과	料	헤아릴 료	北	북녘 북	兆	조 조
拘	잡을 구	枸	구기자 구	比	견줄 비	此	이 차
勸	권할 권	歡	기쁠 환	牝	암컷 빈	牡	수컷 모
技	재주 기	枝	가지 지	貧	가난 빈	貪	탐할 탐
端	끝 단	瑞	상서 서	斯	이 사	欺	속일 기
代	대신 대	伐	벨 벌	四	넉 사	匹	짝 필
羅	그물 라	罹	만날 리	象	형상 상	衆	무리 중
旅	나그네 려	族	겨레 족	書	글 서	晝	낮 주
老	늙을 로	考	생각할 고	設	세울 설	說	말씀 설
綠	초록빛 록	緣	인연 연	手	손 수	毛	털 모
論	의논할 론	輪	바퀴 륜	熟	익힐 숙	熱	더울 열
栗	밤 률	粟	조 속	順	순할 순	須	모름지기 수
摸	본뜰 모	模	법 모	戌	개 술	戍	막을 수
目	눈 목	自	스스로 자	侍	모실 시	待	기다릴 대

似形漢字 잘못쓰기 쉬운 漢字 (2)

市	저자	시	布	베풀	포	情	인정	정	清	맑을 청
伸	펼	신	坤	땅	곤	爪	손톱	조	瓜	오이 과
失	잃을	실	矢	살	시	准	법	준	淮	물이름 회
押	누를	압	抽	뽑을	추	支	지탱할	지	攴	칠 목
哀	슬플	애	衷	가운데	충	且	또	차	旦	아침 단
冶	녹일	야	治	다스릴	치	借	빌릴	차	措	정돈할 조
揚	나타날	양	楊	버들	양	淺	얕을	천	殘	나머지 잔
億	억	억	憶	생각할	억	天	하늘	천	夭	재앙 요
與	더불어	여	興	일어날	흥	天	하늘	천	夫	남편 부
永	길	영	氷	얼음	빙	撤	걷을	철	撒	뿌릴 살
午	낮	오	牛	소	우	促	재촉할	촉	捉	잡을 작
于	어조사	우	干	방패	간	寸	마디	촌	才	재주 재
雨	비	우	兩	두	량	坦	넓을	탄	垣	낮은담 원
圓	둥글	원	園	동산	원	湯	끓을	탕	陽	볕 양
位	자리	위	泣	울	읍	波	물결	파	彼	저 피
恩	은혜	은	思	생각할	사	抗	항거할	항	坑	묻을 갱
作	지을	작	昨	어제	작	幸	다행	행	辛	매울 신
材	재목	재	村	마을	촌	血	피	혈	皿	접씨 명
沮	막을	저	阻	막힐	조	侯	제후	후	候	모실 후
田	밭	전	由	말미암을	유	休	쉴	휴	体	상여군 분

약자·속자 일람 (1)

본자	약자·속자	뜻과 음	본자	약자·속자	뜻과 음	본자	약자·속자	뜻과 음
價	価	값 가	國	国	나라 국	兩	両	두 량
假	仮	거짓 가	權	权	권세 권	勵	励	힘쓸 려
覺	覚	깨달을 각	勸	劝	권할 권	歷	厂	지날 력
擧	挙	들 거	歸	帰	돌아올 귀	聯	联	잇닿을 련
據	拠	의지할 거	氣	気	기운 기	戀	恋	사모할 련
劍	剣	칼 검	寧	寍	편안할 녕	靈	灵	신령 령
檢	検	검사할 검	單	単	홀 단	禮	礼	예 례
輕	軽	가벼울 경	斷	断	끊을 단	勞	労	수고로울 로
經	経	글 경	團	団	모임 단	爐	炉	화로 로
繼	継	이을 계	擔	担	멜 담	屢	屡	자주 루
觀	観	볼 관	當	当	마땅할 당	樓	楼	다락 루
關	関	빗장 관	黨	党	무리 당	離	难	떠날 리
館	舘	집 관	對	対	대답할 대	萬	万	일만 만
廣	広	넓을 광	圖	図	그림 도	蠻	蛮	오랑캐 만
鑛	鉱	쇳돌 광	讀	読	읽을 독	賣	売	팔 매
舊	旧	오랠 구	獨	独	홀로 독	麥	麦	보리 맥
龜	亀	거북 귀	樂	楽	즐길 락	面	面	낯 면
區	区	구역 구	亂	乱	어지러울 란	發	発	필 발
驅	駆	몰 구	覽	覧	볼 람	拜	拝	절 배
鷗	鴎	갈매기 구	來	来	올 래	變	変	변할 변

약자 · 속자 일람 (2)

본자	약자속자	뜻과 음	본자	약자속자	뜻과 음	본자	약자속자	뜻과 음
邊	辺	가 변	亞	亜	버금 아	轉	転	구를 전
竝	並	아우를 병	惡	悪	악할 악	傳	伝	전할 전
寶	宝	보배 보	巖	岩	바위 암	點	点	점 점
簿	䇳	문서 부	壓	圧	누를 압	齊	斉	가지런할 제
拂	払	떨칠 불	藥	薬	약 약	濟	済	건널 제
寫	写	베낄 사	嚴	厳	엄할 엄	卽	即	곧 즉
辭	辞	말 사	與	与	줄 여	證	証	증거 증
狀	状	모양 상	譯	訳	통변할 역	參	参	참여할 참
雙	双	쌍 쌍	驛	駅	역 역	處	処	곳 처
敍	叙	펼 서	鹽	塩	소금 염	鐵	鉄	쇠 철
選	迭	가릴 선	營	営	경영할 영	廳	庁	관청 청
續	続	이을 속	藝	芸	재주 예	體	体	몸 체
屬	属	붙을 속	譽	誉	기릴 예	齒	歯	이 치
壽	寿	목숨 수	爲	為	할 위	廢	廃	폐할 폐
數	数	수 수	應	応	응할 응	豐	豊	풍년 풍
獸	獣	짐승 수	醫	医	의원 의	學	学	배울 학
濕	湿	젖을 습	貳	弐	두 이	號	号	이름 호
乘	乗	탈 승	壹	壱	하나 일	畫	画	그림 화
實	実	열매 실	殘	残	남을 잔	歡	歓	기쁠 환
兒	児	아이 아	蠶	蚕	누에 잠	會	会	모을 회

고사성어

• 家家戶戶 (가가호호) :	각 집 또는 모든 집들, 모든 집마다 빠짐없이의 뜻으로 집집마다를 이르는 말.
• 可居之地 (가거지지) :	살 만한 곳이란 뜻으로 살기 좋은 곳을 이르는 말임.
• 苛斂誅求 (가렴주구) :	조세 등을 가혹하게 징수하고 물건을 청구하여 국민을 괴롭히는 일.
• 刻骨難忘 (각골난망) :	은혜를 마음 속 깊이 새겨 잊지 않음을 이르는 말.
• 刻舟求劍 (각주구검) :	판단력이 둔하여 세상일에 어둡고 어리석음을 이르는 말.
• 間於齊楚 (간어제초) :	약자가 강자 틈에 끼어 괴로움을 받는다는 뜻으로 고래 싸움에 새우등 깨진다는 속담과 일치한 말.
• 甘言利說 (감언이설) :	남에게 비위를 맞추어 달콤한 말과 이로운 조건을 거짓으로 내세워 꾀는 말.
• 甲男乙女 (갑남을녀) :	갑이란 남자와 을이란 여자의 뜻으로 평범한 사람들을 일컫는 말.
• 甲論乙駁 (갑론을박) :	서로 자기 주장만을 내세우며 상대의 주장을 반박함을 이르는 말.
• 綱擧網疏 (강거망소) :	자질구레한 것보다는 큰 법이나 큰 테두리에 치중해야 함을 이르는 말.
• 改過遷善 (개과천선) :	잘못된 점을 고치어 착하게 됨을 이르는 말.
• 開券有得 (개권유득) :	글을 읽어 새로운 지식을 얻는다는 뜻으로 세상의 이치는 책 안에 있음을 이르는 말.
• 開門納賊 (개문납적) :	집의 문을 열어두어 도둑을 들게 한다는 뜻으로 스스로 화를 자초함을 이르는 말.
• 蓋世之才 (개세지재) :	세상을 수월히 다스릴 만한 뛰어난 재기(才氣)를 이르는 말.
• 去頭截尾 (거두절미) :	머리와 꼬리를 자른다는 뜻으로 앞뒤의 잔사설은 빼고 요점만을 말함을 이르는 말.
• 擧案齊眉 (거안제미) :	밥상과 눈썹과 가지런히 하여 남편에게 공손히 가지고 간다는 뜻으로 남편을 깍듯이 공경함을 이르는 말.
• 隔世之感 (격세지감) :	다른 세대에 있는 것처럼 몹시 달라진 느낌을 받을 만큼 변함을 이르는 말.
• 牽强附會 (견강부회) :	이론이나 이유 등을 자기 쪽이 유리하도록 끌어 붙임을 뜻한 말.
• 見利思義 (견리사의) :	눈앞에 이익이 보일 때만 의리를 생각한다는 말.
• 犬馬之勞 (견마지로) :	나라 등에 충성을 다해 애쓰는 노력.
• 見蚊拔劍 (견문발검) :	모기를 잡기 위해 긴 칼을 뺀다는 뜻으로 하찮은 일에 자제 못하고 울컥하는 우행을 이르는 말.
• 見物生心 (견물생심) :	재물이나 물건을 보면 욕심이 생긴다는 말.
• 見危授命 (견위수명) :	나라가 위태로울때 목숨을 아끼지 않고 나라를 위하여 싸움.
• 結草報恩 (결초보은) :	죽어서 혼령이 되어도 그 은혜를 잊지 않고 갚는다는 말.
• 謙讓之德 (겸양지덕) :	겸손하고 사양하는 아름다운 덕성.
• 輕擧妄動 (경거망동) :	경솔하고 망년된 행동.
• 傾國之色 (경국지색) :	군왕이 혹하여 나라가 뒤집혀도 모를 만한 미인. 곧 나라 안에 으뜸가는 미인을 이르는 말. (비) 경성지미(傾城之美)
• 敬而遠之 (경이원지) :	① 겉으로는 공경하는 척하나 속으로는 멀리함. ② 존경하기는 하되 가까이하지 아니함. (준) 敬遠(경원)

입시·입사 고사성어

- 敬天愛人 (경천애인) : 하늘을 공경하고 사람을 사랑한다는 뜻으로 섭리와 순리를 따르고 속된 욕심이 없음을 이르는 말.
- 經天緯地 (경천위지) : 천하를 경륜하여 온전히 다스림.
- 階高職卑 (계고직비) : 품계는 높고 벼슬은 낮음을 이르는 말.
- 鷄口牛後 (계구우후) : 닭의 부리와 소의 꼬리라는 말로, 큰 단체의 꼴찌보다는 작은 단체의 우두머리가 되라는 뜻.
- 鷄卵有骨 (계란유골) : 달걀에도 뼈가 있다는 뜻으로, 공교롭게 어떤 일이 방해됨을 이르는 말.
- 鷄鳴拘盜 (계명구도) : 행세하는 사람이 배워서는 아니 될 천박한 일을 뜻한 말로 천박한 기능을 가진 사람을 이르는 말.
- 孤軍奮鬪 (고군분투) : 약한 힘으로 누구의 도움도 없이 혼자서 겨운 일을 해나감.
- 膏粱珍味 (고량진미) : 기름진 고기와 좋은 곡식으로 만든 맛있는 음식이라는 뜻으로 기름진 진수성찬을 이르는 말.
- 故木生花 (고목생화) : 고목에 꽃이 핀다는 뜻으로 불우했던 사람이 행운을 만나거나 늙은 분이 회춘함을 이르는 말.
- 鼓服擊壤 (고복격양) : 옛 중국 요임금 시대 한 노인이 땅을 발로 구르며 요임금의 덕을 찬양해 태평을 즐겼다는 고사로 이른바 태평성대를 이르는 말.
- 孤掌難鳴 (고장난명) : 「외손뼉이 우랴」라는 뜻으로, 혼자 힘으로는 일이 잘 안됨을 비유하는 말.
- 苦盡甘來 (고진감래) : 쓴 것이 다하면 단 것이 온다는 고사로써 곧 고생이 끝나면 영화가 온다는 말. (반) 興盡悲來(흥진비래)
- 骨肉相殘 (골육상잔) : 뼈와 살이 서로 싸운다는 뜻으로 동족끼리 서로 싸움을 비유한 말.
- 誇大妄想 (과대망상) : 무리하게 과장된 것을 믿는 망령된 생각.
- 寡聞淺識 (과문천식) : 보고 들은 것이 적고 배움이 얕음을 뜻한 말로, 견문이 적고 지식이 미숙함을 이르는 말.
- 過猶不及 (과유불급) : 어떤 사물이 정도에 지나침은 도리어 미치지 못한 것과 같다는 말.
- 冠履顚倒 (관리전도) : 관과 신 등의 놓는 자리를 바꾼다는 뜻으로 상하위치를 거꾸로 한다는 말.
- 管鮑之交 (관포지교) : 중국 춘수시대 때 관중(管仲)과 포숙아(鮑叔牙)의 우정을 일러 생긴 고사로 아주 절친한 친구 사이를 일컬음.
- 矯角殺牛 (교각살우) : 소의 뿔을 교정하려다 소를 죽인다는 뜻으로 지나치게 작은 것까지 신경 쓰려다 정작 긴요한 일을 그리친다는 말.
- 巧言令色 (교언영색) : 남의 환심(歡心)을 사기 위하여 아첨하는 교묘한 말과 보기 좋게 꾸미는 얼굴빛.
- 句句節節 (구구절절) : 어떤 글이나 말 따위의 구절마다의 뜻으로 시문을 강조하는 부사로 쓰이는 말.
- 救國干城 (구국간성) : 나라를 위기에서 구하고 지키려는 믿음직한 군인이나 인물.
- 劬勞之恩 (구로지은) : 자신을 낳아주시고 기르느냐 고생하신 부모님의 은혜를 뜻한 말로 곧 어버이의 은혜를 이르는 말.
- 九死一生 (구사일생) : 어렵게 어렵게 죽을 고비에서 살아남을 이르는 말.
- 口尙乳臭 (구상유취) : 입에서 아직 젖내가 난다는 뜻으로, 언어와 행동이 매우 어리고 유치함을 일컬음.
- 九牛一毛 (구우일모) : 아홉 마리의 소에 한가닥의 털이란 뜻으로, 썩 많은 가운데 극히 적은 것을 비유하는 말.
- 九折羊腸 (구절양장) : 세상일이 매우 복잡하여 살아가기가 어려움을 비유하는 말.

- 群鷄一鶴 (군계일학) : 많은 닭 중에 한마리 학이라는 뜻으로 곧 많은 사람 중 가장 뛰어난 인물을 말함.
- 群雄割據 (군웅할거) : 많은 영웅들이 지역을 갈라서 자리잡고 서로의 세력을 다툼.
- 窮鳥入懷 (궁조입회) : 쫓겨 도망갈 곳이 없어서 품안에 든 공궁한 새는 마땅히 보살펴 주어야 한다는 뜻으로 곤궁에 빠진 사람을 모름지기 구해 주는 것이 인간이라는 말.
- 權謀術數 (권모술수) : 그때 그때의 상황에 따라 변통성 있게 둘러 맞추는 모략이나 수단.
- 勸善懲惡 (권선징악) : 착한 행실을 권장하고 나쁜 행실을 징계함.
- 捲土重來 (권토중래) : 한 번 패하였다가 세력을 회복하여 다시 쳐 들어옴.
- 近墨者黑 (근묵자흑) : 먹을 가까이하면 검어진다는 고사로, 악한 이를 가까이 하면 악에 물들기 쉽다는 말.
- 金蘭之契 (금란지계) : 친구 사이의 매우 두터운 정의나 우정을 일컫는 말로 금란지교(金蘭之交)와도 같은 말.
- 錦上添花 (금상첨화) : 비단 위에 꽃을 더함. 곧 좋은 일에 더 좋은 일이 겹침을 이르는 말.
  (반) 雪上加霜(설상가상)
- 今昔之感 (금석지감) : 지금과 예전을 비교하여 받는 느낌.
- 金石之交 (금석지교) : 쇠나 돌과 같이 굳은 교제.
- 金城鐵壁 (금성철벽) : 경비가 매우 견고한 성벽.
- 金城湯池 (금성탕지) : 끊는 물이 괴어 있어 누구도 가까이 범접할 수 없을 만큼 견고한 성이란 뜻으로 금성철벽(金城鐵壁)과 같은 말.
- 錦衣還鄕 (금의환향) : 타지에서 성공하여 자기 고향으로 돌아감.
- 金枝玉葉 (금지옥엽) : 귀엽게 키우는 보물 같은 자식.
- 欺世盜名 (기세도명) : 세상을 속여가며 헛된 명예를 쫓는다는 뜻으로 세상 사람을 속여 자기만의 명예를 얻는다는 말.
- 騎虎之勢 (기호지세) : 먹힐 것같아 호랑이 등을 타고 가다 중도에서 그만 둘 수 없는 절박한 처지를 비유한 말.
- 落眉之厄 (낙미지액) : 눈썹에 떨어진 불같은 재화란 뜻으로 눈앞에 닥친 재앙을 이르는 말.
- 南柯一夢 (남가일몽) : [중국의 순우분(淳于芬)이란 사람이 취중에 홰나무 밑에서 잠을 자다 남가군의 장군이 되어 이십 년 동안의 영화를 누린 꿈을 꾸고 깨니, 그곳이 개미의 집이더라는 고사에서] ① 깨고 나서 섭섭한 허황된 꿈. ② 덧없이 지나간 한 때의 헛된 부귀나 행복을 이르는 말.
- 男女老少 (남녀노소) : 남자, 여자, 그리고 늙은이, 어른, 젊은 사람이라는 뜻으로 모든 사람을 일컫는 말.
- 內憂外患 (내우외환) : 나라 안팎의 여러 가지 근심과 걱정이라는 뜻으로 안의 분란과 밖의 환란이라는 말.
- 綠陰芳草 (녹음방초) : 푸르른 나무들의 그늘과 꽃다운 풀. 곧 여름의 자연 경관.
- 論功行賞 (논공행상) : 세운 만큼의 공을 논정(論定)하여 상을 줌.
- 弄假成眞 (농가성진) : 장난삼아 한 것이 참으로 사실이 됨을 이르는 말.(동) 假弄成眞
- 籠鳥戀雲 (농조연운) : 새장에 갇힌 새만이 구름(자유)의 그리움을 안다는 뜻으로 속박에서의 그리워하는 자유를 말함.
- 累卵之勢 (누란지세) : 쌓여 있는 알처럼 매우 위태로운 형세.
- 能小能大 (능소능대) : 큰 일이고 작은 일이고 간에 두루 능하다 함을 뜻한 말로 다재다능함을 이르는 말.
- 單刀直入 (단도직입) : 너절한 서두를 생략하고 요점이나 본문제를 간단명료하게 말함.

• 談虎虎至 (담호호지) :	호랑이도 제 말하면 나타난다는 뜻으로 어떤 사람에 대해 말하는데 우연찮게 그 사람이 나타났을 때 이르는 말.
• 大器晚成 (대기만성) :	크게 될 사람은 늦게 이루어 진다는 뜻.
• 對牛彈琴 (대우탄금) :	소에게 거문고 소리를 들려준다는 뜻으로 어리석은 사람에겐 아무리 도리를 가르쳐도 알아듣지 못함을 비유한 말.
• 大義名分 (대의명분) :	모름지기 지켜야 할 큰 명리나 직분.
• 德業相勸 (덕업상권) :	송(宋)나라 때 여대균(呂大鈞)이 창시한 향리의 규약인 네 덕목 중의 하나로 좋은 일은 서로 권장하고 장려해야 함을 이르는 말.
• 獨不將軍 (독불장군) :	① 홀로 목적을 달성하려는 외로운 사람. ② 혼자서는 장군이 못된다는 뜻으로, 남과 협조하여야 한다는 말.
• 獨守空房 (독수공방) :	남편을 잃은 여자가 빈방을 외롭게 지킨다는 뜻으로 무관심한 남편으로부터 소식이 없거나 남편과 사별한 과부가 홀로 밤을 지샘을 뜻한 말이기도 함.
• 同價紅裳 (동가홍상) :	이왕이면 다홍치마, 곧 같은 값이면 좋은 것을 가진다는 뜻.
• 同苦同樂 (동고동락) :	고통과 즐거움을 함께 함.
• 東問西答 (동문서답) :	묻는 말과는 아주 딴판인 엉뚱한 대답.
• 洞房華燭 (동방화촉) :	결혼예식을 마치고 신랑이 첫날밤을 처가의 신부의 방에서 자는 의식을 일컫는 말.
• 同病相憐 (동병상련) :	같은 병을 앓는 사람끼리 서로 가엾게 여긴다는 뜻으로 처지가 비슷한 사람끼리 서로 도우며 위로하는 것.
• 東奔西走 (동분서주) :	이곳 저곳 무척 바쁘게 돌아다님.
• 同床異夢 (동상이몽) :	같은 잠자리에서 다른 꿈을 꿈. 곧 겉으로는 행동이 같으면서 속으로는 딴 생각을 가진다는 뜻.
• 東征西伐 (동정서벌) :	전쟁을 하여 여러 나라를 이곳 저곳 정벌(征伐)함을 이르는 말.
• 凍足放尿 (동족방뇨) :	언 발에 오줌누기란 뜻으로 어떤 사물이 한때만 도움이 될 뿐 머지않아 더 상황이 악화됨을 이르는 말.
• 杜門不出 (두문불출) :	집 안에서만 있고 밖에는 나가지 않음.
• 燈下不明 (등하불명) :	등잔 밑이 어둡다는 뜻으로, 가까이 있는 것을 도리어 알아내기 어렵다는 말.
• 燈火可親 (등화가친) :	가을밤은 서늘하여 등불을 가까이 두고 글읽기에 좋다는 말.
• 馬耳東風 (마이동풍) :	남의 말을 귀담아 듣지 않고 무관심하게 흘러 버림을 뜻함.
• 莫逆之友 (막역지우) :	뜻이 서로 맞는 매우 가까운 벗.
• 萬頃蒼波 (만경창파) :	한없이 넓고 푸른 바다나 큰 호수의 물결이란 뜻으로 끝없이 너른 바다를 이르는 말.
• 萬卷讀破 (만권독파) :	만권이나 되는 책을 다 읽음을 뜻하는 말로 곧 많은 책을 처음부터 끝까지 다 읽어 냄.
• 萬事休矣 (만사휴의) :	모든 방법이 헛되게 됨.
• 滿山遍野 (만산편야) :	산과 들에 가득차서 뒤덮여 있음.
• 滿山紅葉 (만산홍엽) :	단풍이 들어 온 산이 붉은 잎으로 뒤덮임.
• 罔極之恩 (망극지은) :	죽을 때까지 보답을 다할 수 없는 임금이나 부모의 크나큰 은혜.
• 忘年之交 (망년지교) :	나이 차이와는 상관않고 허물없이 사귀는 벗이란 뜻으로 망년지우와 같은 말.
• 茫無際涯 (망무제애) :	아득히 넓고 멀어 그 끝이 없음을 뜻한 말로 망무애반, 일망무제와 같이 쓰임.
• 望洋之歎 (망양지탄) :	바다를 바라보며 하는 탄식. 곧 힘이 미치지 못하여 하는 탄식.

고사성어	뜻
• 望雲之情 (망운지정) :	객지에서 자식이 고향의 어버이를 그리워하는 정을 뜻한 말로 부모를 그리워하는 자식의 심정을 일컫는 말.
• 賣鹽逢雨 (매염봉우) :	소금을 팔다 비를 만난다는 뜻으로 하는 일 따위에 마가 끼었음을 이르는 말.
• 梅妻鶴子 (매처학자) :	매화를 아내 삼고 학을 자식 삼는다는 뜻으로 고상하고 멋있게 풍류를 즐기며 사는 풍아한 생활을 일컫는 말.
• 盲者丹靑 (맹자단청) :	볼 수 없는 소경의 단청 구경이란 뜻으로 아무리 보아도 사물을 감정할 능력이 없이 그저 봄을 이르는 말.
• 猛虎伏草 (맹호복초) :	숲속에 엎드린 사나운 범이란 뜻으로 초야에 묻혀 있는 영웅도 언젠가는 반드시 세상에 나타난다는 비유의 말.
• 面從腹背 (면종복배) :	겉으로는 따르는척 하나 마음속으로는 싫어함.
• 滅門之禍 (멸문지화) :	한 가문, 한 집안이 다 죽임을 당하는 끔찍한 재앙을 뜻한 말로 멸문지환과도 같이 쓰임.
• 明鏡止水 (명경지수) :	① 맑은 거울과 잔잔한 물. ② 잡념이 없는 맑고 깨끗한 마음.
• 名實相符 (명실상부) :	명명함과 실상이 서로 들어맞음. (반)名實相反(명실상반)
• 明明白白 (명명백백) :	(밝음을 강조하거나, 확실함을 강조하여) 아주 명백함을 뜻한 말.
• 明若觀火 (명약관화) :	불을 보는 것처럼 확실함. 곧 더 말할 나위 없이 명백함.
• 冥在頃刻 (명재경각) :	곧 숨이 끊어질 지경에 이름을 뜻한 말로 목숨의 안위를 잃을 수도 있을 만큼 다급한 상황에도 비유하여 쓰는 말.
• 毛遂自薦 (모수자천) :	[조(趙)나라의 왕 평원군(平原君)이 초(楚)나라에 구원을 청하기 위하여 사자(使者)를 물색하는 중, 모수가 자기 자신을 천거하였다는 고사에서 유래함.] 자기가 자기를 천거함을 가리키는 말.
• 目不識丁 (목불식정) :	일자무식(一字無識)을 이르는 말.(정(丁)자도 모르는, ㄱ자도 모르는)
• 目不忍見 (목불인견) :	딱하고 가엾어 차마 눈으로 볼 수 없음. 또는 그러한 참상.
• 無可奈何 (무가내하) :	한번 정한 것을 고집하여 도무지 융통성이 없음을 뜻한 말로 막무가내(莫無可奈)와 같은 말임.
• 武陵桃源 (무릉도원) :	도연명(陶淵明)의 도화원기(桃花源記)에 나오는 별천지. 진(秦)나라 때에 난리를 피(避)한 사람들이 살고 있었다는 곳. 선경(仙境).
• 無不通知 (무불통지) :	정통하여 모르는 것이 없음.
• 無所不能 (무소불능) :	가능하지 않는 것이 없음.
• 務實力行 (무실역행) :	어떤 일에 임하는 자세가 참되고 실속 있도록 힘써 실행함을 이르는 말.
• 無爲徒食 (무위도식) :	하는 일 없이 먹고 놀기만 함.
• 文房四友 (문방사우) :	글을 쓸 때 필수적인 문방구를 일컫는 말로 이른바 종이, 붓, 먹, 벼루를 이르는 말.
• 聞一知十 (문일지십) :	한 마디를 듣고 열가지를 미루어 앎. 곧 총명하고 지혜로움을 이르는 말.
• 尾生之信 (미생지신) :	융통성 없이 약속만을 굳게 지킴을 이르는 말.
• 美風良俗 (미풍양속) :	아름답고 좋은 풍속.
• 博而不精 (박이부정) :	널리 두루 알지만 자세히 알지는 못한다는 뜻으로 겉으로 알지만 전문적이지 못함을 말함.
• 拍掌大笑 (박장대소) :	손바닥을 치며 극성스럽게 큰 소리로 웃는 웃음.
• 半信半疑 (반신반의) :	반은 믿고 반은 의심함.

입시·입사 고사성어

- 拔本塞源 (발본색원) : 폐단의 근원을 찾아 그 뿌리를 뽑아 버림.
- 背水之陣 (배수지진) : 필사적인 전투의 병법으로 뒤에 벼랑을 두고 적과의 전투에 임하는 진법을 이르는 말.
- 百家爭鳴 (백가쟁명) : 중국 춘추전국 시대 때 많은 사상가가 배출되어 많은 학설을 낳았는데 이에 많은 학자들의 활발한 논쟁을 일컬음.
- 白骨難忘 (백골난망) : 죽어서 백골이 되어도 은혜를 잊을 수 없다는 뜻으로 남의 은혜에 깊이 감사하는 말.
- 百年佳約 (백년가약) : 남녀가 부부가 되어 평생을 함께 하겠다는 언약. (동) 百年佳期(백년가기)
- 百年大計 (백년대계) : 먼 훗날까지 고려한 큰 계획.
- 百年河淸 (백년하청) : 중국의 황하(黃河)가 항상 흐리어 맑을 때가 없다는 데서 나온 고사로, 아무리 오래 되어도 이루어지기 어려움을 일컫는 말.
- 百年偕老 (백년해로) : 부부가 되어 화락하게 일생을 함께 늙음.
- 伯牙絶絃 (백아절현) : 백아가 자기의 비파소리를 진심으로 좋아하던 종자기(鍾子期)가 죽자 자기 비파줄을 끊고 다시는 타지 않았다는 고사로 자기를 알아주는 참다운 벗의 죽음을 슬퍼함을 이르는 말.
- 白衣從軍 (백의종군) : 벼슬함이 없이, 또는 군인이 아니면서 군대를 따라 전쟁에 나감.
- 百折不屈 (백절불굴) : 백번을 꺾어도 굽히지 않음. 곧 많은 고난을 극복하여 이겨 나감.
- 父傳子傳 (부전자전) : 대대로 아버지가 아들에게 전함을 이르는 말.
- 附和雷同 (부화뇌동) : 줏대없이 남이 하는 대로 따라 행동함.
- 粉骨碎身 (분골쇄신) : 뼈는 가루가 되고 몸은 산산조각이 됨. 곧 목숨을 다해 애씀을 이르는말.
- 不顧廉恥 (불고염치) : 부끄러움과 치욕을 생각하지 않음.
- 不俱戴天 (불구대천) : 같은 하늘을 두고 함께 살지 못한다는 뜻으로 이 세상을 같이 살 수 없을 만큼 큰 원한이나 원수를 비유한 말.
- 不問可知 (불문가지) : 묻지 않아도 능히 알 수 있음.
- 不問曲直 (불문곡직) : 일의 옳고 그름을 묻지 않고 곧바로 행동이나 말로 들어감.
- 鵬程萬里 (붕정만리) : 붕새의 날아가는 길이 만리로 트임. 곧 전정(前程)이 아주 멀고도 큼을 이름.
- 飛禽走獸 (비금주수) : 날짐승과 들짐승.
- 非禮勿視 (비례물시) : 예의에 어긋나는 일은 보지도 말라는 말.
- 非一非再 (비일비재) : 이같은 일이 한두 번이 아님.
- 四顧無親 (사고무친) : 사방을 둘러보아도 의지할 만한 사람이 전혀 없음을 이르는 말.
- 四面楚歌 (사면초가) : 사면이 모두 적병(敵兵)으로 포위된 상태를 이르는 말.
- 四分五裂 (사분오열) : 여러 갈래로 찢어짐. 어지럽게 분열됨.
- 沙上樓閣 (사상누각) : 모래 위에 세운 다락집. 곧 기초가 약하여 넘어질 염려가 있거나 오래 유지하지 못할 일, 또는 실현 불가능한 일을 비유하는 말.
- 四通五達 (사통오달) : 길이나 교통·통신 등이 사방으로 막힘없이 통함.
- 事必歸正 (사필귀정) : 어떤 일이든 결국은 올바른 이치대로 됨. 반드시 정리(正理)로 돌아감.
- 山高水長 (산고수장) : 높은 산과 같고 긴 강의 흐름과 같이 유유하다는 뜻으로 어진이의 덕행이나 지조의 청정함을 비유한 말.
- 山崩海浸 (산붕해침) : 산이 무너지고 바다가 가라앉는다는 뜻으로 천지개벽이나 천재지변과 큰 난리 등에 아울러 쓰이는 말.

- 山戰水戰 (산전수전) : 산과 물에서의 전투를 다 겪었다는 뜻으로 세상에서 온갖 경험을 다 했음을 이르는 말.
- 山海珍味 (산해진미) : 산과 바다에서 나는 재료로 만든 맛 좋은 음식. (동) 山珍海味(산진해미)
- 殺身成仁 (살신성인) : 자신의 목숨을 버려서 인(仁)을 이룸.
- 三綱五倫 (삼강오륜) : 삼강(三綱)은 군신·부자·부부 사이에 지켜야 할 세가지 도리, 오륜(五倫)은 부자 사이의 친애, 군신 사이의 의리, 부부 사이의 분별, 장유 사이의 차례, 친구 사이의 신의를 이르는 다섯가지 도리.
- 三顧草廬 (삼고초려) : [중국 촉한(蜀漢)의 유비(劉備)가 제갈량(諸葛亮)의 초옥을 세 번 방문하여 군사(軍師)로 맞이들인 일에서] 인재를 맞이하기 위하여 자기몸을 굽히고 참을성 있게 마음 씀을 비유하는말.
- 森羅萬象 (삼라만상) : 우주(宇宙)사이에 있는 수 많은 현상.
- 三人成虎 (삼인성호) : 거리에 범이 나왔다고 여러 사람이 다 함께 말하면 거짓말이라도 참말로 듣는다는 말로, 근거없는 말이라도 여러 사람이 말하면 곧이듣는다는 뜻.
- 三尺童子 (삼척동자) : 신장이 석자에 불과한 자그마한 어린애를 이르는 말.
- 喪家之狗 (상가지구) : 상가집만을 찾아 먹이를 연명하는 개라는 뜻으로 아무런 지위도 없이 떠도는 대접받지 못하는 사람을 이르는 말.
- 桑田碧海 (상전벽해) : 뽕나무 밭이 변하여 푸른 바다가 되 듯 세상이 변화무쌍함을 비유하는 말.
- 塞翁之馬 (새옹지마) : 인생의 길흉·화복은 변화무쌍하여 예측하기 어렵다는 뜻.
- 生老病死 (생로병사) : 나고, 늙고, 병들고, 죽는다는 뜻으로 불가에서 말하는 중생이 반드시 겪어야 하는 네 가지 고통을 이르는 말.
- 生面不知 (생면부지) : 한 번도 본 적이 없는 사람. 전혀 알지 못한 사람.
- 生不如死 (생불여사) : 삶이 죽음보다 못하다는 뜻으로 그 만큼 큰 곤경에 빠져 살 의욕이 없음을 이르는 말.
- 先見之明 (선견지명) : 앞일을 미리 예견하여 내다보는 밝은 슬기.
- 先公後私 (선공후사) : 우선 공적인 일을 먼저 하고 사적인 일은 뒤로 미룸.
- 仙風道骨 (선풍도골) : 풍채가 뛰어나고 용모가 수려한 사람.
- 雪上加霜 (설상가상) : 눈 위에 서리란 말로, 불행한 일이 거듭하여 생김을 가리킴.
- 歲寒三友 (세한삼우) : 겨울철 관상용(觀賞用)인 세가지 나무. 곧 소나무, 대나무, 매화 나무의 일컬음. 송죽매(松竹梅)
- 束手無策 (속수무책) : 손을 묶은 듯이 계략과 대책이 전혀 없음. 곧 어찌할 도리가 없음.
- 送舊迎新 (송구영신) : 묵은 해를 보내고 새해를 맞이함.
- 首丘初心 (수구초심) : 여우가 죽을 때 머리를 자기가 살던 굴로 향한다는 말로, 고향을 그리워하는 마음을 일컬음.
- 壽福康寧 (수복강령) : 오래 살아 복되며, 몸이 건강하여 평안함을 이르는 말.
- 手不釋卷 (수불석권) : 손에서 책을 놓지 않는다는 뜻으로 학문에 매진하고 부지런히 애써 공부한다는 말.
- 首鼠兩端 (수서양단) : 쥐는 의심이 많아 쥐구멍에서 머리를 조금 내밀고 이리 저리 살핀다는 뜻으로, 머뭇거리며 진퇴·거취를 결정짓지 못하고 관망하는 상태를 이름.
- 袖手傍觀 (수수방관) : 팔장을 끼고 보고만 있다는 뜻으로, 직접 손을 내밀어 도와주거나 간섭하지 아니하고 그대로 내버려둠을 이르는 말.
- 修身齊家 (수신제가) : 행실을 올바로 닦고 집안을 바로 잡음을 이르는 말.

고사성어	뜻
• 水魚之交 (수어지교) :	고기와 물과의 사이처럼, 떨어질 수 없는 특별한 친분.
• 守株待兔 (수주대토) :	주변머리가 없고 융통성이 전혀 없이 굳게 지키기만 함을 이르는 말.
• 宿虎衝鼻 (숙호충비) :	자는 호랑이 코털을 건드린다는 뜻으로 공연히 건드려 어떤 화를 자초하거나 일을 불리하게 만듦을 이르는 말.
• 脣亡齒寒 (순망치한) :	입술이 없어지면 이가 시리다는 뜻으로, 곧 서로 이웃한 사람 중에서 한 사람이 망하면 다른 한 사람에게도 그 영향이 있음을 이르는 말.
• 是非曲直 (시비곡직) :	옳고 그리고 굽고 곧음을 뜻한 사자성어로 시비선악과 같이 네 가지 판단을 이르는 말.
• 始終如一 (시종여일) :	시작과 끝이 한결같이 변함이 없음.
• 食少事煩 (식소사번) :	먹을 것은 적고 할 일이 많음을 일컫는 말.
• 識字憂患 (식자우환) :	글자깨나 섣불리 좀 알았던 것이 도리어 화의 근원이 되었다는 뜻.
• 信賞必罰 (신상필벌) :	공이 있는 사람에게는 필히 상을 주고, 죄가 있는 사람에게는 반드시 벌을 줌. 곧 상벌을 엄정히 하는 일.
• 身言書判 (신언서판) :	인물을 선정하는 기준으로 삼던 네가지 조건. 곧 신수·말씨·글씨·판단력.
• 神出鬼沒 (신출귀몰) :	귀신이 출몰하듯 자유 자재로 유연하고 민첩하게 움직여 그 변화를 헤아리지 못함.
• 深思熟考 (심사숙고) :	깊이 생각하고 거듭 생각함을 말함. 곧 신중을 기하여 곰곰히 생각함.
• 尋章摘句 (심장적구) :	옛 선인들의 글귀를 따서 글을 짓는다는 뜻으로 이것은 학문에 매진하는 이에겐 긍정적이지만 심사나 평을 위한 기준에서는 부정적인 뜻임.
• 十年知己 (십년지기) :	오래 전부터 사귀어 온 절친한 벗.
• 十常八九 (십상팔구) :	열이면 여덟이나 아홉은 그러함. (동)十中八九(십중팔구)
• 十匙一飯 (십시일반) :	열 사람이 한 술씩 보태면 한 사람 분의 분량이 된다는 뜻으로, 여러 사람이 힘을 합하면 한 사람을 구제하기가 쉽다는 말.
• 十中八九 (십중팔구) :	열 가운데에서 여덟이나 아홉이 그렇다는 뜻으로 거의 예외없이 그럴 것이다라는 추측을 나타내는 말.
• 阿鼻叫喚 (아비규환) :	지옥같은 고통을 참지 못하여 울부짖는 소리. 곧 여러 사람이 몹시 비참한 지경에 빠졌을 때 그 고통에서 헤어나려고 악을 쓰며 소리를 지르는 모양을 말함.
• 我田引水 (아전인수) :	자기 논에 물대기란 뜻으로, 자기에게 유리한 대로만 함.
• 惡因惡果 (악인악과) :	악의 원인을 제공하면 악의 결과를 얻게 된다는 뜻으로 악한 일을 하면 반드시 앙갚음이 돌아온다는 철칙을 말함.
• 安貧樂道 (안빈낙도) :	가난함 속에서도 편안한 마음으로 도를 즐긴다는 뜻으로 사람은 욕심만 빼면 만사가 편안하다는 말.
• 眼下無人 (안하무인) :	눈 아래 사람이 없음. 곧 교만하여 사람들을 아래로 보고 업신여김.
• 弱肉强食 (약육강식) :	약한 쪽이 강한 쪽에게 먹히는 자연 현상.
• 羊頭狗肉 (양두구육) :	양의 대가리를 내어놓고 개고기를 팖. 곧 겉으로는 훌륭하게 내세우나 속은 음흉한 생각을 품고 있다는 뜻.
• 梁上君子 (양상군자) :	[후한(後漢)의 진식이 들보 위에 숨어 있는 도둑을 가리켜 양상(梁上)의 군자(君子)라 말한 데서 온 말] 곧, 도둑을 미화하여 점잖게 부르는 말.
• 良藥苦口 (양약고구) :	효험이 좋은 약은 입에 쓰다는 말로, 충직한 말은 듣기가 싫으나 받아들이면 자신에게 이롭다는 뜻.

- 養虎遺患 (양호유환) : 화근을 길러 근심을 사는 것을 일컫는 말.
- 魚頭鬼面 (어두귀면) : 고기 대가리에 귀신 상판대기라는 말로, 망측하게 생긴 얼굴을 이르는 말.
- 魚頭肉尾 (어두육미) : 생선은 머리. 짐승은 꼬리 부분이 맛이 좋다는 말.
- 漁父之利 (어부지리) : 도요새와 무명조개가 다투는 틈을 타서 둘 다 잡은 어부처럼, 당사자가 싸우는 틈을 타 제삼자가 애쓰지 않고 가로챔을 이르는 말.
- 億兆蒼生 (억조창생) : 본디 불가에서 파생되어 나온 말로 수많은 세상 사람들이란 뜻으로 이 세상 모든 사람을 지칭하여 쓰는 말.
- 言語道斷 (언어도단) : 말문이 막힌다는 뜻으로 너무 어이없어서 말할래야 말할 수 없음을 이름.
- 言中有骨 (언중유골) : 예사로운 말 속에 뼈 같은 속 뜻이 있다는 말.
- 言行一致 (언행일치) : 말과 행동을 같게 한다는 뜻으로 모름지기 사람은 말과 행동이 같아야 한다는 경계의 말.
- 與民同樂 (여민동락) : 임금이 백성과 더불어 낙(樂)을 같이함. (동) 與民諧樂(여민해락)
- 如拔痛齒 (여발통치) : 아픈 이를 뺌과 같다라는 뜻으로 괴롭고 고통스런 일에서 시원하게 벗어남을 이르는 말.
- 連絡杜絶 (연락두절) : 오고 감이 끊이지 않고 교통이 되었던 것이 막히고 끊어짐.
- 緣木求魚 (연목구어) : 나무 위에서 고기를 구한다는 뜻으로, 안될 일을 무리하게 하려고 한다는 뜻.
- 燃眉之厄 (연미지액) : 눈썹에 불붙은 만큼 다급한 재앙이란 뜻으로 낙미지액과 같이 쓰이는 말.
- 榮枯盛衰 (영고성쇠) : 번영하여 융성함과 말라서 쇠잔해 짐. (동) 興亡盛衰.
- 映雪讀書 (영설독서) : 어두운 밤에 하얀 눈에 책을 대고 그 빛으로 독서한다는 뜻으로 가난한 고학의 학문에 대한 열정을 표한 말로 형설지공과 같은 의미의 말.
- 英雄豪傑 (영웅호걸) : 영웅과 호걸.
- 五穀百果 (오곡백과) : 오곡과 많은 과일이란 뜻으로 온갖 곡식들과 여러 가지 과실들을 지칭한 말.
- 五里霧中 (오리무중) : 짙은 안개 속에서 길을 찾기 어려움과 같이, 어떤일에 대하여 알길이 없음.
- 寤寐不忘 (오매불망) : 자나깨나 잊지 못하는 애절한 심정을 이르는 말.
- 吾鼻三尺 (오비삼척) : 내 코가 석 자라는 뜻. 곧 자기의 곤궁이 심하여 남의 사정을 돌아볼 여유가 없음을 일컫는 말.
- 烏飛梨落 (오비이락) : 까마귀 날자 배 떨어진다는 뜻. 곧 우연한 일에 남으로부터 혐의를 받게 됨을 가리키는 말.
- 烏飛一色 (오비일색) : 날고 있는 까마귀가 모두 같은 색깔이라는 뜻으로, 모두 같은 종류 또는 피차 똑같음을 의미하는 말.
- 吳越同舟 (오월동주) : [중국 춘추 전국 시대의 오왕 부차(吳王夫差)와 월왕 구천(越王句踐)이 항상 적의를 품고 싸웠다는 고사에서 유래한 말] 서로 적대하는 사람이 같은 경우의 처지가 됨을 가리키는 말.
- 屋上架屋 (옥상가옥) : 지붕 위에 또 지붕을 얹음. 곧 있는 것에 부질없이 거듭함을 이르는 말.
- 玉石俱焚 (옥석구분) : 옥과 돌이 함께 탄다는 뜻. 곧 나쁜 사람이나 좋은 사람이나 다 같이 재앙을 당함을 비유해서 하는 말.
- 溫故知新 (온고지신) : 옛것을 익히고 그것으로 미루어 새 것을 알 수 있다는 뜻.
- 臥薪嘗膽 (와신상담) : [옛날 중국 월왕 구천(越王句踐)이 오왕 부차(吳王夫差)에게 나라를 빼앗기고 나서 괴로움과 어려움을 참고 견디어 결국 나라를 회복 했다는 고사(故事)에서 나온 말]

	섶에 누워 쓸개의 쓴맛을 맛본다는 뜻으로, 원수를 갚으려고 고통과 어려움을 참고 견딤을 비유함.
• 外富內貧 (외부내빈) :	겉으로는 부유해 보이지만 속으로는 가난하다는 뜻으로 외양은 부자인 듯하나 사실은 구차하고 가난하다는 말.
• 外貧內富 (외빈내부) :	겉으로는 가난하지만 속으로는 부자란 뜻으로 외양은 구차하게 보이지만 실상은 부자라는 말.
• 外柔內剛 (외유내강) :	겉으로 보기에는 부드러우나 속은 꿋꿋하고 강함.
• 外虛內實 (외허내실) :	겉은 허한 듯 보이나 내용은 실하다는 뜻으로 겉은 허술하지만 그 내용만큼은 알차다는 말.
• 樂山樂水 (요산요수) :	산과 물을 좋아하다는 뜻으로 산수, 곧 자연을 좋아하고 즐긴다는 말.
• 燎原之火 (요원지화) :	거세게 타는 벌판의 불길이라는 뜻으로, 미처 방비할 사이 없이 퍼지는 세력을 형용하는 말.
• 欲速不達 (욕속부달) :	일을 너무 성급히 하려고 하면 도리어 이루기 어려움을 의미한 말.
• 龍頭蛇尾 (용두사미) :	용의 머리와 뱀의 꼬리라는 뜻으로 처음은 그럴듯하다가 나중엔 흐지부지함.
• 愚公移山 (우공이산) :	옛날 우공이 자기 집 앞의 산을 딴 곳으로 옮겼다는 고사로 불가능한 일도 끊임없이 노력하면 성취할 수 있다함을 비유한 말.
• 優柔不斷 (우유부단) :	마음이나 결단력이 부족하여 끝을 맺지 못함을 이르는 말.
• 牛耳讀經 (우이독경) :	「쇠 귀에 경 읽기」란 뜻으로, 가르치고 일러 주어도 알아 듣지 못함을 비유하는 말. (동) 우이송경(牛耳誦經)
• 雲泥之差 (운니지차) :	구름과 진흙은 차이가 크다라는 뜻으로 서로 차이가 너무 큰 사물을 빗대어 천양지차와 같이 쓰이는 말.
• 雲樹之懷 (운수지회) :	그 옛날의 구름과 무성했던 나무를 품는다는 뜻으로 마음속에 품은 친구를 그리워한다는 말.
• 遠交近攻 (원교근공) :	먼곳에 있는 나라와 우호 관계를 맺고 가까이 있는 나라를 하나씩 쳐들어 감.
• 危機一髮 (위기일발) :	조금이라도 방심할 수 없는 위급한 순간.
• 韋編三絶 (위편삼절) :	공자(孔子)가 주역을 너무 즐겨 읽어 그 책의 가죽끈이 세 번이나 끊어졌다는 고사로 책을 열심히 읽음을 비유한 말.
• 有口無言 (유구무언) :	입은 있으나 말이 없다는 뜻으로, 변명할 말이 없거나 변명을 못함을 이름.
• 類萬不同 (유만부동) :	비슷한 부분은 많지만 서로 같지 않다는 뜻으로 자신과 그것이 분수에 맞지 않거나 정도를 넘어설 때이르는 말.
• 有名無實 (유명무실) :	이름 뿐이고 그 실상은 그렇지 않거나 없음.
• 柳眉蜂腰 (유미봉요) :	버들잎 같은 눈썹에 벌(개미)같은 가늘한 허리란 뜻으로 미인의 자태를 지칭한 말.
• 流水不腐 (유수불부) :	흐르는 물은 썩지 않는다는 뜻으로 많이 생각한 만큼 많이 행동하고 실행하라는 경계하여 비유한 말.
• 有耶無耶 (유야무야) :	있는 듯 없는 듯 하다는 뜻으로 어떤 일이 흐지부지 해지거나 사안을 흐지부지 처리함을 이르는 말.
• 遊必有方 (유필유방) :	나가서 놀 때에는 반드시 그 행방을 알려라는 뜻으로 밖에 나갈 때는 부모님께 반드시 행선지를 알려 드려야 한다는 말.
• 隱忍自重 (은인자중) :	마음속으로 괴로움을 참으며 몸가짐을 조심함.

- 陰德陽報 (음덕양보) : 남 모르게 덕을 쌓은 사람은 뒤에 남이 알게 되고 보답도 받게 된다는 말.
- 吟遊詩人 (음유시인) : 떠돌아 다니는 시인이란 뜻으로 자연을 벗삼아 이곳저곳 산수를 즐기며 각지를 돌아다니는 시인을 이르는 말.
- 吟風弄月 (음풍농월) : 맑은 바람과 밝은 달을 벗 삼아 시를 읊으며 즐겁게 지내는 것.
- 意氣揚揚 (의기양양) : 무엇을 하고자 하는 적극적이고 장한 기개가 드높다라는 뜻으로 의기가 드높아 매우 의젓한 행동의 모습을 이르는 말.
- 以德服人 (이덕복인) : 덕으로써 아랫사람들을 복종케 한다는 뜻으로 완력보다는 덕으로써 다스리면 복종과 우러름을 저절로 받게 된다는 말.
- 耳目口鼻 (이목구비) : 귀, 눈, 입, 코란 뜻으로 눈, 코, 입 등의 표현보다는 그것들이 있는 얼굴을 지칭한 말.
- 以心傳心 (이심전심) : 말이나 글에 의하지 않고 마음과 마음으로 전달 됨. (비) 心心相印(심심상인)
- 以熱治熱 (이열치열) : 열은 열로써 다스린다는 뜻으로 어떤 세력 따위를 그 세력으로 다스림.
- 已往之事 (이왕지사) : 이미 지나간 일. (동) 已過之事(이과지사)
- 二律背反 (이율배반) : 서로 모순되는 두 명제가 동등한 권리로 주장되는 일.
- 以夷制夷 (이이제이) : 다른 나라를 이용하여 정벌하고자 하는 나라를 물리친다는 뜻으로 병법의 하나.
- 益者三友 (익자삼우) : 벗에는 이로운 벗이 셋 있다라는 뜻으로 사귀어 자신에게 유익한 세 벗이란 정직한 벗, 신의가 있는 벗, 지식이 있는 벗이 곧 그것임.
- 因果應報 (인과응보) : 사람이 짓는 선악의 인업에 응하여 과보가 반드시 있다는 뜻.
- 人面獸心 (인면수심) : 겉은 사람이나 마음은 짐승과 같음.
- 人山人海 (인산인해) : 사람이 산같이 바다같이 모인다는 뜻으로 사람이 아주 많이 모여 군중을 이루고 있는 상태를 말함.
- 因循姑息 (인순고식) : 구습을 버리지 못하고 목전의 편안한 것만을 취함.
- 仁義禮智 (인의예지) : 사람 본성의 네가지 마음씨인 사단(四端), 곧 인(仁)의 측은지심, 의(義)의 수오지심, 예(禮)의 사양지심, 지(智)의 시비지심을 말함.
- 因人成事 (인인성사) : 남의 힘으로 일이나 뜻을 이룸.
- 仁者無敵 (인자무적) : 어진 사람에게 적이 없다라는 뜻으로 어진 사람은 모든 사람을 사랑하므로 세상에 적이 없다는 말.
- 仁者樂山 (인자요산) : 어진이는 의리에 만족하여 몸가짐이 진중하고 그 후덕함이 산 같아 산을 좋아한다는 말.
- 一擧兩得 (일거양득) : 한 가지 일로 두 가지의 이득을 봄.
- 一怒一老 (일노일로) : 일소일소(一笑一少)의 반대성어로 한번 화낼 때마다 한번 더 늙는다는 말.
- 一網打盡 (일망타진) : 한 그물에 모두 다 모아 잡음. 곧 한꺼번에 모조리 체포함.
- 一脈相通 (일맥상통) : 솜씨·성격·처지·상태 등이 모두 같음을 알 수 있음.
- 一目瞭然 (일목요연) : 선뜻 보아도 똑똑하게 알 수 있음.
- 一絲不亂 (일사불란) : 한 오라기의 실도 어지럽지 않음. 곧 질서가 정연하여 조금도 헝크러진 데나 어지러움이 없음.
- 一瀉千里 (일사천리) : 강물의 물살이 빨라서 한 번 흘러 천리에 다다름. 곧 사물의 진행이 거침없이 빠름을 말함.
- 一魚濁水 (일어탁수) : 한 마리의 물고기(미꾸라지)가 물을 흐린다는 뜻으로, 곧 한 사람의 잘못으로 인하여 여러 사람이 그 피해를 받게 됨의 비유.

고사성어	뜻
一言之下 (일언지하)	한 마디로 딱 잘라 말함. 두 말할 나위 없음.
一日三秋 (일일삼추)	하루가 삼년 같다라는 뜻으로, 몹시 지루하거나 기다리는 때에 쓰이는 말. (동) 一刻如三秋(일각여삼추)
一字無識 (일자무식)	한 글자도 알지 못한다는 뜻으로 그만큼 무식하고 무지하다는 말.
一場春夢 (일장춘몽)	한바탕의 봄꿈처럼 헛된 영화를 이르는 말.
日就月將 (일취월장)	나날이 다달이 진전함.
一敗塗地 (일패도지)	한 번 패하여 땅 바닥의 길이 된다라는 뜻으로 여지없이 패하여 다시 일어설 수 없게 됨을 이르는 말.
一攫千金 (일확천금)	애쓰지 않고 한꺼번에 많은 재물을 얻음.
臨機應變 (임기응변)	그때 그때의 일의 형편에 따라서 융통성 있게 잘 처리함.
臨戰無退 (임전무퇴)	싸움터에 임하여서나 경쟁에서 물러섬이 없음을 이르는 말.
自家撞着 (자가당착)	자기가 한 말이나 행동의 앞 뒤가 모순되는 것.
自繩自縛 (자승자박)	자기 줄로 제 몸을 옭아 묶는다는 뜻으로, 자기 마음씨나 언행(言行)으로 말미암아 제 자신이 행동의 자유를 갖지 못하는 일.
自畵自讚 (자화자찬)	자기가 그린 그림을 자기가 칭찬한다는 말로, 자기의 행위를 스스로 칭찬함을 이름.
作舍道傍 (작사도방)	무슨 일에나 이견(異見)이 많아서 얼른 결정 못함을 이르는 말.
作心三日 (작심삼일)	한 번 결심한 것이 사흘을 넘기지 못한다는 말로 마음이 유약하거나 결심이 굳지 못함을 가리키는 말.
賊反荷杖 (적반하장)	도둑이 도리어 매를 든다는 뜻으로, 잘못한 사람이 도리어 잘한 사람을 나무랄 경우에 쓰는 말.
赤手空拳 (적수공권)	맨손과 맨주먹이란 뜻으로 아무것도 가진 것 없는 빈털털이 신세를 이르는 말.
積如丘山 (적여구산)	산더미같이 많이 쌓였다는 뜻으로 지천으로 많이 깔린 사물 등을 비유하여 이르는 말.
適材適所 (적재적소)	적당한 재목을 적당한 자리에 씀.
電光石火 (전광석화)	번개불과 부싯돌의 불. 곧 극히 짧은 시간이나 매우 빠른 동작을 말함.
轉禍爲福 (전화위복)	화가 바뀌어 복이 됨. 곧 언짢은 일이 계기가 되어 도리어 행운을 맞게 됨을 이름.
截長補短 (절장보단)	긴 것을 잘라 짧은 것을 보충하다는 뜻으로 자신의 장점을 이용해 단점을 보완하는 현명함을 이르는 말.
切磋琢磨 (절차탁마)	옥(玉)·돌 따위를 갈고 닦는 것과 같이 덕행과 학문을 쉼없이 노력하여 닦음을 말함.
頂門一鍼 (정문일침)	정수리에 침을 놓는다는 말. 곧 간절하고 따끔한 충고를 이르는 말.
糟糠之妻 (조강지처)	지게미와 겨를 함께 먹었던 아내. 곧 고생을 함께 하여 온 본처.
朝令暮改 (조령모개)	아침에 내린 영을 저녁에 고침. 곧 법령이나 명령을 자주 뒤바꿈을 이름.
朝三暮四 (조삼모사)	간사한 꾀로 남을 속여 희롱함을 이르는 말.
種豆得豆 (종두득두)	콩 심는 데 콩을 거둔다는 말로 어떤 원인이든 그에 따른 결과가 온다는 뜻.
坐井觀天 (좌정관천)	우물에 앉아 하늘을 봄. 곧 견문(見聞)이 좁은 것을 가리키는 말.
左之右之 (좌지우지)	왼쪽으로 움직였다 오른쪽으로 움직였다 하여 마음대로 이동시킨다는 뜻으로 제 마음대로 처리하거나 다루는 것을 말함.
主客顚倒 (주객전도)	사물의 경중(輕重)·선후(先後), 주인과 객의 차례 따위가 서로 뒤바뀜.
晝耕夜讀 (주경야독)	낮에는 농삿일을 하고 밤에는 글을 읽음. 곧 바쁜 틈을 타서 어렵게 공부함.
走馬加鞭 (주마가편)	달리는 말에 채찍질한다는 말로, 부지런하고 성실한 사람을 더 격려함을 이르는 말.

- 走馬看山 (주마간산) : 달리는 말 위에서 산천을 구경함. 곧 바쁘고 어수선하여 무슨 일이든지 스치듯 지나쳐서 봄.
- 竹馬故友 (죽마고우) : 어릴 때부터 같이 놀며 자란 벗.
- 衆寡不敵 (중과부적) : 적은 수효가 많은 수효를 대적할 수 없다는 뜻.
- 衆口難防 (중구난방) : 뭇 사람의 말을 다 막기가 어렵다는 말.
- 重言復言 (중언부언) : 말을 중복하게 하고 한 말을 다시 한다는 뜻으로 한 말을 자꾸 되풀이함을 이르는 말.
- 至緊至要 (지긴지요) : 더할 나위 없이 긴요함.
- 之東之西 (지동지서) : 생각없이 동쪽으로 갔다 서쪽으로 갔다함을 뜻한 말로 줏대없이 이리 쏠리고 저리 쏠리며 갈팡질팡함을 이르는 말.
- 指東指西 (지동지서) : 동쪽을 가리키고 서쪽을 가리킨다는 뜻으로 근본적이고 본론적인 것에는 근접 못하고 딴 것을 가지고 이러쿵 저러쿵함을 이르는 말.
- 指鹿爲馬 (지록위마) : 웃사람을 속이고 권세를 거리낌없이 자기 마음대로 휘두르는 것을 가리키는 말.
- 支離滅裂 (지리멸렬) : 순서없이 마구 뒤섞여 갈피를 잡을 수 없는 상태로 점차 없어짐을 말함.
- 至誠感天 (지성감천) : 지극한 정성에 하늘이 감동함.
- 知而不知 (지이부지) : 알면서도 모른 체 한다는 뜻으로 자기의 이로움을 위해 다른 것들을 모른 체 슬렁슬렁 넘어 감을 말함.
- 知彼知己 (지피지기) : 적의 내정(內情)과 나의 내정을 소상히 앎.
- 紙筆硯墨 (지필연묵) : 문방사우로 종이와 붓 그리고 벼루와 먹을 말함.
- 知行合一 (지행합일) : 이것은 하나의 설로써 지식과 행위는 본래 하나인즉 알고 행함이 없는 지식이란 진정한 지식이 아니라는 말.
- 眞金不鍍 (진금부도) : 진짜 황금은 도금하지 않는다는 뜻으로 재능있는 사람은 숨어 있어도 그 빛을 발한다는 말.
- 進退兩難 (진퇴양난) : 나아갈 수도 물러설 수도 없는 궁지에 빠짐.
- 疾風怒濤 (질풍노도) : 몹시 세찬 바람과 성난 파도라는 뜻으로 세상이 질풍처럼 급변하고 성난 파도처럼 어지럽다는 말.
- 滄海一粟 (창해일속) : 바다와 그 주변의 아득히 넓은 곳의 모래(좁쌀) 한 톨이란 뜻으로 흔히 인간의 흔적을 빗대어 비유하기도 함.
- 天高馬肥 (천고마비) : 가을 하늘은 맑게 개어 높고 말은 살찐다는 뜻으로, 가을의 좋은 시절.
- 千慮一得 (천려일득) : 바보 같은 사람이라도 많은 생각 속에는 한 가지 쓸만한 것이 있다는 말.
- 千慮一失 (천려일실) : 천 번의 생각에 한 번의 실수라는 뜻으로 지혜로운 사람도 어쩌다가 한 번 쯤 실수할 수도 있다라는 말.
- 天方地軸 (천방지축) : ①너무 바빠서 허둥지둥 내닫는 모양. ②분별없이 함부로 덤비는 모양.
- 天壤之差 (천양지차) : 하늘과 땅의 차이처럼 엄청난 차이.
- 天人共怒 (천인공노) : 하늘과 땅이 함께 분노한다는 뜻으로, 도저히 용서못함의 비유.
- 天長地久 (천장지구) : 영원 무궁한 하늘과 땅이란 뜻으로 그 하늘과 땅처럼 변함이 없이 오래 지속되길 기원하는 마음을 담고자 하는 말.
- 千載一遇 (천재일우) : 천년에 한 번 만남. 곧 좀처럼 얻기 어려운 좋은 기회.
- 天眞爛漫 (천진난만) : 꾸밈이나 거짓이 없는 천성 그대로의 순수함.
- 千篇一律 (천편일률) : 많은 사물이 변화가 없어 모두 엇비슷한 현상.

입시·입사 고사성어 119

- 天下泰平 (천하태평) : 온 세상이 태평하다는 뜻으로 대개의 사람들이 먹을 것 입을 것 등 걱정없이 크게 풍족하고 편안함을 이르는 말.
- 靑雲萬里 (청운만리) : 푸른 구름 일만리. 곧 원대한 포부나 높은 이상을 이르는 말.
- 靑雲之志 (청운지지) : 남보다 훌륭하게 출세하리라는 뜻을 갖고 있음을 뜻한 말로 대개 젊은이의 웅지를 말함.
- 靑出於藍 (청출어람) : (쪽에서 나온 푸른 물감이 쪽보다 더 푸르다는 뜻) 제자가 스승보다 낫다는 말.
- 焦眉之急 (초미지급) : 불이 붙은 눈썹만큼 급한 상황이란 뜻으로 어떤 일이 몹시 다급하거나 급한 상태를 말함.
- 初志一貫 (초지일관) : 처음 품은 뜻을 한결같이 꿰뚫음.
- 寸鐵殺人 (촌철살인) : 짤막한 경구(警句)로 사람의 마음을 찔러 감동시킴을 가리키는 말.
- 推己及人 (추기급인) : 그 사람이 곧 나라고 여겨 그 사람의 곤궁함을 헤아린다는 어진 마음으로 역지사지의 의미가 다분히 있는 말.
- 春夏秋冬 (춘하추동) : 일년을 사계(四季)로 나눈 봄, 여름, 가을, 겨울을 사자구로 아울러 일컫는 말.
- 出告反面 (출고반면) : 외출할 때는 반드시 부모님께 아뢰고 귀가하여서는 부모님을 뵙고 인사드리는 것이야말로 부모님의 근심을 덜어드리는 효심이라는 말.
- 忠言逆耳 (충언역이) : 충성스럽고 바르게 하는 말은 귀에 거슬림.
- 醉生夢死 (취생몽사) : 취하여 자는 꿈 속에서 살고 죽는다는 뜻으로 평생을 아무 것도 이룬 것 없이 흐리멍텅하고 무의미하게 살아간다는 말.
- 針小棒大 (침소봉대) : 바늘만한 것을 몽둥이만 하다고 한다는 뜻으로 작은 일도 크게 부풀려 거짓으로 말하거나 과장한다는 말.
- 七顚八起 (칠전팔기) : 일곱 번 넘어지고 여덟 번 일어남. 곧 실패를 무릅쓰고 분투함을 이르는 말.
- 坦坦大路 (탄탄대로) : 평평하고 넓고 큰 길이라는 뜻으로 모든 일에 장애없이 순탄함을 이르는 말.
- 探花蜂蝶 (탐화봉접) : 꽃을 찾아 다니는 벌과 나비라는 뜻에서, 여색에 빠지는 것을 가리키는 말.
- 泰然自若 (태연자약) : 어떤 충동을 당하여도 듬직하고 천연덕스러운 의연함.
- 破竹之勢 (파죽지세) : 대를 쪼개는 기세. 곧 막을 수 없게 맹렬히 나아가는 기세.
- 布衣之交 (포의지교) : 선비 시절에 사귄 벗이라는 뜻으로 오늘날 학창시절의 동문의 벗을 지칭하여 일컬음.
- 表裏不同 (표리부동) : 마음이 음흉하여 겉과 속이 다름.
- 豹死留皮 人死留名 (표사유피 인사유명) : 표범은 죽어서 가죽을 남기고 사람은 죽어서 이름을 남긴다는 뜻으로, 사람은 죽은 후에는 명예를 남겨야 한다는 말.
- 風前燈火 (풍전등화) : 바람 앞에 켠 등불이란 뜻으로, 사물이 매우 위급한 자리에 놓여 있음을 가리키는 말.
- 匹馬單騎 (필마단기) : 혼자 말을 타고 간다는 뜻으로 어떤 사안의 문제를 홀로 책임을 안는다는 말과 어떤 일에 매진할 때 홀로 의지를 굳세게 한다는 말.
- 鶴首苦待 (학수고대) : 학처럼 목을 길게 늘여뜨리고 몹시 기다린다는 뜻으로 어떤 소식이나 누군가를 애타게 기다린다는 말.
- 漢江投石 (한강투석) : 한강에 돌던지기. 곧 아무리 애써도 보람 없음을 이르는 말.
- 含憤蓄怨 (함분축원) : 분함과 원망을 품음.
- 咸興差使 (함흥차사) : 한 번 가기만 하면 깜깜 무소식이란 뜻으로, 심부름꾼이 가서 소식이 아주 없거나 회답이 더디 올 때에 쓰는 말.

• 行雲流水 (행운유수) :	떠다니는 구름과 흐르는 물이란 뜻으로 만사 집착함이 없이 순리따라 유유히 자유롭게 처신함을 이르는 말.
• 虛心坦懷 (허심탄회) :	마음 속에 아무런 사념없이 품은 생각을 터놓고 말함.
• 虛張聲勢 (허장성세) :	없으면서 베풀 듯 실속은 비어있으면서 허세로만 떠벌리거나 큰소리치는 것을 이르는 말.
• 軒軒丈夫 (헌헌장부) :	처마에 맞닿을 헌칠하고 외모 또한 준수하며 활달한 남자, 대개 그러한 청년을 이르는 말.
• 賢母良妻 (현모양처) :	어진 어머니이면서 또한 착한 아내.
• 螢雪之功 (형설지공) :	갖은 고생을 하며 학문을 닦은 보람.
• 狐假虎威 (호가호위) :	남의 권세에 의지하여 위세 부림을 비유한 말.
• 糊口之策 (호구지책) :	가난한 살림에서 겨우 먹고 살아가는 방책.
• 好事多魔 (호사다마) :	좋은 일에 마가 낀다는 뜻으로 좋은 일이 있어도 지나치게 좋아하지 말아야 한다는 경계의 말.
• 好生惡死 (호생악사) :	살기를 열망하고 매우 싫어한다는 뜻으로 죽는다하는 사람이 더 삶에 집착한다는 말.
• 浩然之氣 (호연지기) :	① 하늘과 땅 사이에 가득 차 있는 넓고 큰 원기(元氣). ② 도의에 뿌리를 박고 공명정대하여 스스로 돌아보아 조금도 부끄럽지 않은 도덕적 용기.
• 昏定晨省 (혼정신성) :	밤에 잘 때에 부모의 침소에 가서 편히 주무시기를 여쭙고, 아침에 다시 가서 밤새의 안후를 살피는 일.
• 紅爐點雪 (홍로점설) :	빨갛게 달아오른 화로에 눈이 내리면 순식간에 녹아 버리고 만다는 말로, 큰 일을 함에 있어서 작은 힘이 아무런 보탬이 되지 못함을 비유하는 말.
• 畵龍點睛 (화룡점정) :	옛날 명화가가 용을 그리고 눈을 그려 넣었더니 하늘로 올라갔다는 고사로 곧, 사물의 긴요한 곳, 또는 일을 성취함을 이르는 말.
• 畵蛇添足 (화사첨족) :	쓸데 없는 짓을 덧붙여 하다가 도리어 실패함을 가리키는 말. 蛇足(사족)
• 畵中之餠 (화중지병) :	그림의 떡. 곧 실속 없는 일을 비유하는 말.
• 換骨奪胎 (환골탈태) :	딴 사람이 된 듯이 용모가 환하게 트이고 아름다워짐.
• 患難相救 (환난상구) :	근심이나 재앙을 서로 구하여 줌.
• 荒唐無稽 (황당무계) :	말의 근거가 전혀 없고 터무니없이 허황함을 이르는 말.
• 會心之友 (회심지우) :	서로 마음 맞아 만나는 벗이라는 뜻으로 서로 죽이 맞고 의지가 통하는 절친한 벗을 말함.
• 興盡悲來 (흥진비래) :	즐거운 일이 다하면 슬픈 일이 옴. 곧 세상 일은 돌고 돌아 순환됨을 이르는 말.